요즘 선생님들

요즘 선생님들

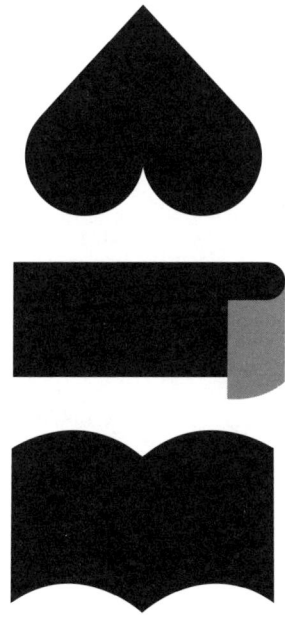

김민영
김수민
류지훈
박서현
박세민
박정빈
오현경
이하은
조호성

행복우물

차례

저자소개   08
들어가는 글   10

작은 별빛에서 시작된 유영

1장	밤의 심연, 존재의 흔적	17
2장	유영하는 별들의 지도	22
3장	불완전으로 새겨진 놀이의 궤적	25
4장	교실 속 작은 은하수	32
5장	망망대해를 비추는 미광(微光)	36

김민영 · 일반대학원 국어교육 박사과정

나의 삶이 곧 수업이 되기를

1장	교사의 글쓰기	43
2장	수민 업고 튀어	46
3장	인생은 순환이다	51
4장	내재적 동기가 이끄는 삶	55
5장	가장 한국적인 꿈	58

김수민 · 교육대학원 영어교육 석사과정

내일도, 같은 자리에서

1장	들어가며: '선생님'이라 불리는 자리에서	65
2장	기다림, 누군가를 가르치며 내가 배운 가장 중요한 마음	66
3장	사랑, 아프지만 따뜻했던 순간들	73
4장	시선, 앞으로도 '선생님'일 수밖에 없는 이유	83

류지흔 · 교육대학원 간호교육 석사과정

교사, super 이끌림

1장	흔들려도	89
2장	돌아보고	94
3장	겪으며	98
4장	다시, 교사	103

박서현 · 교육대학원 국어교육 석사과정

지난 처음의 모양은

1장	들어가며: 이음동의어	107
2장	바다 위 생존 지침서	109
3장	네 덕분에 나를 알았어	114
4장	타인은 천국이다.	125
5장	나가며: a priori	129

박세민 · 교육대학원 국어교육 석사과정

찬란한 나의 바다

1장	순간이 영원이 될 때	135
2장	작전명 청춘: 교사를 꿈꾸는 모든 이에게	140
3장	그들이 사는 세상: 교사의 삶과 내면	148
4장	급행열차: 신규 교사를 위한 슬기로운 학교생활	152
5장	당신의 계절에게	156

박정빈 · 교육대학원 교육방법 석사과정

진심, 또 다른 형태의 사랑

1장	교사가 교사를 키워내다	161
2장	경쟁과 방황 속에서 삶을 지탱해 주던 많은 품들	170
3장	사랑을 전하는 어른	184

오현경 · 사범대학 역사교육과

船上, 선상의 작은 새

1장	종이배	196
2장	작은 새의 인트로	197
3장	당신의 공터에서	199
4장	선명한 애정 안에서	204
5장	나의 잔디 위에서	210
6장	여전히 흘러갈 종이배	216

이하은 · 교육대학원 체육교육 석사과정

마침표보다 쉼표가 어렵다

1장	개구리	226
2장	청개구리 심보	233
3장	어떤 선생님이 되고 싶은가?	238
4장	마침표 대신 쉼표, 혹은 콤마	243
5장	우물 '안' 개구리	245

조호성 · 사범대학 가정교육과

나가는 글 248

저자소개

김민영

고려대학교 일반대학원에서 국어교육 박사과정을 공부하고 있다. 현재 연구조교로 근무하고 있다. 교사와 교육 연구자, 두 길의 교차점에서 교육적 실천과 학문적 탐구를 통합적으로 조망하고 있다.

김수민

고려대학교 교육대학원에서 영어교육 석사과정을 공부하고 있다. 현재 초등 교사로 근무하고 있다. 슬기로운 학교생활과 가정생활의 양립이라는 생애 주기의 과도기에서 오는 특이점을 극복 중에 있다.

류지훈

고려대학교 교육대학원에서 간호교육 석사과정을 공부하고 있다. 중앙대학교 간호학과 졸업 후 현재 신촌세브란스 병원 이식외과 병동에서 근무하고 있다.

박서현

고려대학교 교육대학원에서 국어교육 석사과정을 공부하고 있다. 교사라는 꿈을 향해 나아가고 있는 예비 교사이다. 기약 없는 달림 가운데 교사가 되고자 했던 그 마음을 떠올리고자 글을 쓰게 되었다.

박세민

고려대학교 교육대학원에서 국어교육 석사과정을 공부하고 있다. 서강대학교에서 국어국문학을 전공하였다. 우리말, 우리글을 매개로 이뤄지는 모든 관계와 성장에 관심이 있다.

박정빈

고려대학교 교육대학원에서 교육방법 석사과정을 공부하고 있다. 현재 초등 교사로 근무하고 있다. AI 기반 교육과정과 글쓰기에 관심이 많다. 사랑은 항상 내 약점이 됐지만 내가 사랑하는 것을 전공하기로 했다.

오현경

고려대학교 사범대학에서 역사교육을 공부하고 있다. 사랑을 알려줄 수 있는 선생님이 되고 싶다. 동시에 나를 사랑하기 위해 노력하는 사람이 되고 싶다.

이하은

고려대학교 교육대학원에서 체육교육 석사과정을 공부하고 있다. 현재 초등학교에서 놀이 체육 강사로 근무하고 있다. 아빠의 그림자 안에서 키워낸 자유의 어린 시절을, 성장하는 아이들에게 전해주고자 한다.

조호성

고려대학교 사범대학에서 가정교육을 공부하고 있다. 너무나 어려운 세상 속, 수많은 고민과 걱정에 잠시 쉼표를 찍어가고 싶어 글을 쓰게 되었다.

들어가는 글

　선생님이라는 직함을 달고 7년을 보냈다. 학생들에게는 '선생님'이었지만, 주변 선생님들에겐 대부분 '후배 선생님' 혹은 '우리 막내 선생님'이었던 시간이다. 그러다 보니 나는 하루라도 빨리 멋진 선배 선생님들처럼 교직 생활에 적응하고 싶었고, 뭐든 척척 잘 해내는 학교의 일원이 되기 위해 노력했다. 자연스럽게 나의 대학교 시절, 즉 예비 교사 시절은 빠르게 잊혀 갔고, 어느 순간부턴가 교사가 아니었던 나의 모습은 기억 속에서 완벽하게 사라졌다.

　그러던 중 우연한 기회로 만나게 된 분들이 있었다. 대학원과 사범대학교에서 교육 계통 공부를 하며, 동시에 글쓰기라는 공동 관심사가 있는 분들이었다. 현직 교사, 예비 교사, 교육 연구자, 그리고 간호교육을 전공하는 간호사 선생님도 있었다. 이 책은 그 아홉 명의 각기 다른 선생님이 써 내려간 이야기이다. '선생님'이라는 동일한 키워드를 놓고 나올 수 있는 이야기는 한정적일 것이라 생각했는데, 오산이었다. 나는 선생님들의 이야기를 들으면서, 읽으면서, 잊고 있던 나의 예비 교사 시절을 다시금 생생하게 기억해 냈으며, 10여 년 전으로 훌쩍 회귀하여 그 시절 나의 고민을 다시 한번 짚어보기도 했다.

지금의 나는 교사가 아닌 모습은 상상할 수도 없는 영락없는 교사이지만, 교육대학교 시절, 특히 1~2학년 시절의 나는 정말이지 진로를 두고 끊임없이 고민했으며 방황했다. 모두가 공부에 집중하는 고등학생 시절 영화제작 동아리에 들어간 나는 영화의 매력에 푹 빠져버렸고, 그때부터 나의 꿈은 영화감독이었다. 대학교 진학 역시 예술 계통으로 꿈꾸었고, 실제로 합격하기도 했다. 하지만 여러 가지 현실적인 이유로 교육대학교에 진학하였다. 그 여파는 약 2년간의 방황으로 이어졌고, 그동안 나는 서울 시내에서 하는 거의 모든 무대인사, 감독과의 대화, 영화 평론가와의 대화와 같은 영화 관련 이벤트에 참석하며 나만의 독자적인 예술관을 구축했다.

그렇게 2년여의 세월을 보내고 난 후, 대학교 3학년에 접어들면서 학교에서 배우는 과목도 상당히 전문적이고 실전에 가까워졌다. 3학년 때부터 시작되는 전공 심화 강의와 교육론 심화 강의, 그리고 그곳에서 해야 하는 발표들은 신기하게도 너무 재미있었다. 그리고 동기들의 입에선 이런 말이 심심찮게 나왔다. "얘 교사 안 하겠다고 했던 애 맞냐. 교사 안 했으면 아쉬워서 어쩔뻔했어." 급기야는 누가 시키지도 않았는데도 영어 수업 시연대회에 나가서 상을 타기도 했다. 2년간의 진로 고민이 드디어 해소되는 순간이었다.

그때 즈음 나는 도서관과 서점에서 선생님들의 이야기를 담은 책을 찾아보았다. 그런데 이내 흥미를 잃었다. 세상에는 수많은 선생님의 이야기가 있었지만, 모두 너무 '아름다운' 것들뿐이었다. 학생들을 마주하며 겪는 어려운 상황들, 하지만 어떠한 과정을 통해 이를 극복하고 행복한 결말로 다시금 평화로운 교실 생활을 영위하는 패턴이었다. 글 자체로는 너무나도 좋았지만, 이제 막 진로 고민을 마친 예비 교사에게는 너무 현실과 동떨어진 이야기처럼 느껴졌다. 나는 이렇게 치열하게, 때로는 고통스러울 정도로 교사라는 직업 자체에 대해 고민했는데, 그리고 내가 알기로는 상당수의 교대생과 사범대생들이 비슷한 고민을 하고 있는데, 그런 내용은 눈 씻고 찾아봐도 없었기 때문에 알 수 없는 괴리감이 들었다. 마치 영화 「트루먼 쇼」의 주인공이 된 것만 같은 요상한 기분이었다. 내 현실은 이렇게나 내적 갈등 천지인데, 그런 것들은 철저하게 '삭제'되고 완벽한 모습만을 보여주는 세트장 같았다.

하지만 이후 교사가 되고 어린 시절의 방황은 거의 잊혔을 때쯤, 그때 내가 흥미롭지 않다고 생각했던 책들을 다시 읽어보았다. 신기하게도 흥미롭고 재밌었다. 내가 서 있는 위치와 상태에 따라 똑같은 글에 대한 감상도 달라지는 것이 신기했다. 그러다 문득, 나도 모르는 사이에 나 역시 누군가에겐 '아름다운 학교라는 세트장 속 인물 1'이 되어 있는 건 아닐까 하는 생각이 들었다.

고려대학교에서 만난 아홉 선생님의 이야기가 유독 반가웠던 건, 완성된 교사의 모습만을 보여주기보단, 교사가 되기까지의 불확실하고 치열한 여정도 함께 담고 있었기 때문이다. 겉으로는 보이지 않던 무대 뒤의 진짜 이야기들 즉, 교사가 되기 전, 그 불안하고 흔들리던 순간들까지 고스란히 마주할 수 있었다.

❶ 일찍이 교사로서의 꿈을 확고히 하고 그 여정을 기록한 예비 선생님의 글에서는 나도 그러고 싶었지만 그러지 못했던, 그래서 고통스러웠던 나의 지난날이 생각났다.

❷ <mark>교사라는 직업 자체를 두고 고민하는 예비 선생님</mark>의 글에서는 과거의 나로 회귀하여 그때의 고민을 되짚어보았다.

❸ 매일 선생님으로 불리며 일하는 <mark>학교 선생님과 간호사 선생님</mark>의 글에서는 나와는 사뭇 다른 성숙한 생각에 놀라며 반성하기도 했다.

❹ 교육을 이론과 실재에 대한 연구로 접근하는 <mark>교육 연구자 선생님</mark>의 글에서는 학문을 택한 이에게서만 느낄 수 있는 깊은 사유에 감탄했다.

나에게 그랬던 것처럼, 이 책이 예비 선생님들, 그리고 한때 모두 예비 선생님이었던 현직 선생님들, 그리고 교육의 세계가 궁금한 모든 사람에게 잔잔한 공감과 재미를 선사할 수 있기를 바란다.

끝으로, 아홉 명의 서로 다른 사람들이 함께 모인 공간에서 늘 구심점 역할을 해 준 이하은 선생님과 오현경 선생님께 감사드리며, 우리의 이야기를 한 권의 책으로 탄생시킬 수 있도록 애써주신 강정화 교수님께 감사의 인사를 드린다.

한여름의 끝에서,
교사 김수민

김민영

일반대학원
국어교육 박사과정

작은 별빛에서
시작된 유영

1장
밤의 심연, 존재의 흔적

존재는 무엇인가를 '가지고' 있는 상태일까,
혹은 '되어가는' 운동일까.

나를 상징하는 자아는 언제나 존재론적인 고민 앞에 잠 못 드는 본인이다. 이 물음은 어릴 적부터 내 의식의 곁에 침윤되어왔다. 삶의 이유를 찾기 위한 노력이었다. 오래전부터 해오던 고민이라 지금은 언뜻 답을 찾은 듯 보인다며 합리화하곤 하지만, 그 답은 또 어느 순간 변질되어 버릴지도, 신기루처럼 사라져 버릴지도, 혹은 확장되다 터져버릴지도 모른다. 본디 '존재'라 불리는 것은 늘 고정되지 않은 채 흐르고 변화하여 새로운 형상으로의 탈피를 거듭하기에, 그럼에도 그 모든 변화를 관통하는 어떤 질서가 제자리를 지키는 듯 보이기에, 나는 그 본질의 정의를 하나로 수렴시킬 수도, 규정할 수도 없었다. 누군가에게는 한낱 실오라기일 뿐인 사색에 왜 밤을 새울까 하는 의문이 들어도, 멈출 수가 없다. 고즈넉한 시공간 속 홀로 있다 보면, 가라앉은 몸과 소진된 체력을 배신하듯 정신이 트이고, 생각이 물밀듯이 밀려 들어온다. 마치 중독처럼. 빠져나올 수 없는 사유 속에서 돌아가는 출구를 잃은 채 밤새 헤매곤 한다. 아침까지 잠들지 못한 채로 가만히 앉아 생각하고 있을 때면, 끝없이 되풀이되는 사유의 굴레에 갇힌 듯한 무력감이 엄습한다. 풀리지 않는 매듭에 얽힌 듯한 고독의 절망에 잠긴다. 깊은 바다 심연의 덫에 걸려 더 이상 움직일 수 없는 잠수부처럼.

'내가 생각하는 걸 그대로 적으면 잉크가 바다를 삼켜버릴 거야.'
'내가 생각하는 걸 그대로 뱉으면 파도 소리가 숨을 멈출 거야.'

늘 곱씹던 생각이다. 생각하는 양과 그것을 뱉는 양이 정확하게 반비례했던 나는 생각이 많을수록 입을 닫아버렸다. 그런 까닭에 타인의 눈에 비친 나는 말보다 침묵의 색을 소유하고 있었다. 물론 처음부터 그랬던 것은 아니고, 아직도 그런 것도 아니다. 과묵해졌던 시기는 아마 사람들의 말이 다양한 음표로 변주곡을 이루어가는 과정을 관측한 순간부터일지도 모르겠다. 사람이 남긴 말의 꼬리에는 어디선가 작은 먼지 같은 향기가 스며들 듯 붙기 마련이고, 그 향기는 때때로 누군가의 짓궂은 장난 속에 고약한 바이러스를 가진 오명으로 탈바꿈하기도 한다. 형체 없는 바이러스는 수많은 생명체를 이동해가며, 열병을 주었다 빼앗기를 반복하여, 순백의 깨끗함 속에서도 끔찍한 돌연변이를 발생시키곤 한다. 나의 말이 나의 의도대로 전달된다는 것은 기적과도 같은 일이기 때문에, 말에서조차 완벽함을 요구하던 지독한 버릇은 자연스레 입을 닫아 버리게 만들었다.

언어에는 보이지 않는 발이 달렸고, 그것은 무엇으로든 변할 수 있는 몸을 가졌다. 말은 칼일까, 붕대일까. 독일까, 약일까. 불일까, 불빛일까. 나침반일까, 미로일까. 늘 굴레에 빠지게 되는 이 고민은 내가 말과 글을 조심하게 되는 이유이다. 사람들과 대화하다 보면, 어느 순간 머릿속에 여러 가지 표현들이 동시다발적으로 떠오르기 시작한다. 적절한 어휘와 표현을 찾으려다 보면, 말이 꼬이게 되고, 서로 상응하지 않는 어휘와 표현을 엮어버릴 때도 있다. 이러한 현상의 원인을 찾으려는 갖은 노력 끝에, 이는 완벽주의라는 심리적 압박의 영향일 수 있다는 사실을 알게 되었다. 일상적 말하기에서조차 완벽을 요구하는 사람은 얼마나 될까?

눈에 보이지도 않는 활자들의 청각적인 향연. 누군가 말을 하면 그 음성들이 활자로 쪼개져 그 사람 머리 위로 두둥실 스쳐 지나가는 장면이 상상될 때가 있다. 어느새 휘발되어 버리고 마는 기록들, 사라지기 위해 잠깐 뱉어지는 존재들. 끊임없이 태어나고, 죽음으로 향하는 인간의 움직임처럼 청각적으로 존재하기 위해 태어난 '음성 언어' 역시 그런 움직임을 보인다. 물론 인간의 속도보다 몇억 배는 빠르지만 말이다. 이토록 휘발성이 강한 '말하기'에 완벽을 욕심부리고, 집착하는 사람은 그리 많지 않을지도 모르겠다.

그럼에도 말하기를 중심으로 살아가는 교사를 꿈으로 선택한 까닭은 정제되지 않은 '일상적 말하기'와는 달리 사고와 감정이 질서 있게 정돈된 말하기를 지향하는 직업이었기 때문일 것이다. 일정 부분 준비된 시나리오를 요구하는 수업 지도안과 수업 시연은 나에게 마치 하나의 연극처럼 다가왔다. 내가 만든 수업 대본에서만큼은 완벽하게 의도된 표현의 자유로움을 마음껏 음미할 수 있었다. 통제된 자유로움, 그

균형을 지키는 일이 오히려 나의 숨통을 트이게 해줄 수 있었음을, 그때 나는 온전히 깨달았다. 수업이라는 무대 위에서 준비된 표현과 교육적 의도가 맞물려 춤을 출 때, 비로소 나 자신으로 존재할 수 있음을 말이다. 그러나 사유의 늪에 빠져 무거운 물살에 휘말리던 어린 나에게 이 꿈을 찾는 여정은 결코 명쾌하거나 순탄하지 않았다. 그 길은 인간 존재가 마주하는 불가피한 파고와 소용돌이로 이루어진 심연과 같았으며, 나는 그 속에서 자기 자신을 길어 올리는 법을 배워야만 했다.

아직도 끝나지 않은 이 정신적 방황이 한창이던 시기에 마주한 첫 번째 벽은 입시였다. 그림자 춤 휘청이듯 불완전한 18살, 19살의 청소년은 어느새 인생의 첫 갈림길 앞에 문득 서 있었다. 그러나 자신이 그저 넓은 우주 아래 미광(微光)처럼 희미하게 실존하고 있다는 사실만을 깨달은 아이는 인생의 첫 미로 앞에서 삶의 이유를 찾지 못한 채 극에 치닫는 존재론적인 방황을 겪고 있었고, 결국 대학 입시를 포기하겠다는 돌연한 선언을 터뜨렸다. 그 한마디는 부모님뿐 아니라 나를 아끼던 선생님들의 마음에도 깊은 파문을 남기게 되었다. 어디선가 읽은 문장이 떠오른다. 학교에서 교사들이 가장 어려워하는 학생은 문제를 일으키는 학생이 아니라, 성실하고 모범적이면서도 의지가 없는 학생이라는 말. 어쩌면 그 시절의 나는, 누군가에게 조용하지만 깊은 고통을 안기는 존재였을지도 모르겠다.

삶에 반드시 이유가 있어야만 하는 것이 아님에도, 당시의 나에게는 그 사실조차 간절했다. 방황하던 아이에게 학교는 메아리 없이 고요하게 퍼져있는 협곡 같은 공간이었고, 졸업 후 자진하여 그 울타리 속으로 다시금 발을 들여야 한다는 사실이 숨을 조여왔다. 이는 아마 오랜 외국 생활이 남긴 짙은 고독의 그림자가 마음 한편 깊게 드리워졌던 탓이라고, 그렇게 훗날 정의 내리게 되었다. 고요한 심연 속 가라앉는 바다처럼 무거운 속도로 영혼을 짓누르던 그 시절의 그림자는 일상 속에서 피어났다. 집 밖을 나서면 낯선 언어로 가득한 간판과 상점들, 이질적인 모양의 신호등, 기하학적인 선과 곡선의 조화를 이룬 건축물들이 눈부신 빛을 발하는 호화로운 여행지 한가운데였다.

누군가에겐 행복한 추억을 지니고 돌아가는 여행지가 나에겐 그저 거주지일 뿐일 때의 괴리감. 그곳은 세계와 나 사이의 간극을 한 번 더 확인하게 만드는 심문의 공간이었다. 호화찬란한 풍경 속에서 홀로 슬리퍼를 끌며, 몇 시간이고 끝없이 산책을 이어가는 이국적 일상 속에서 방황과 여행의 경계는 흐릿했고, 세계의 언어들이 뒤섞인 화려한 광장에서조차 외로움의 중심에 서 있었다. 황금빛 건물들은 불야성을 이루며 스스로를 과시했지만, 그 속을 걷는 내 발자국은 모래 위에 그려졌다가 곧 파도에게 지워지는 미약한 흔적에 불과했다. 눈부신 풍경이 사방에서 나를 감쌌으나, 그 안에서 나는 마치 투명한 존재처럼 누구의 시선에도 닿지 못한 채 부유하고 있었다. 사람들의 웃음소리가 진동처럼 번져나갔지만, 내 귓가에서는 파도처럼 흩어졌다. 그 속에서 나는 고독의 심연에 잠겨, 스스로가 더욱 분명해지는 모순을 겪었다. 화려함은 빛날수록 나의 그림자를 길게 드리웠고, 그 그림자는 늘 나보다 앞서가며, 너는 이곳의 일부가 아니라고 속삭였다.

그 길 위에서 나는 알았다. 진정한 고독은 황폐한 곳에서 오는 것이 아니라, 호화와 화려함 속에서 내가 스며들지 못할 때 더욱 선명해진다는 것을. 아무리 찬란한 조명이 켜져 있어도, 그 불빛이 내 마음의 어둠을 밝히지 못한다면, 그곳은 여전히 밤이었다. 적응하는 데는 생각보다 훨씬 긴 시간이 필요했다. 표면적으로는 이미 이곳에 녹아든 듯 보였지만, 뇌 깊은 곳 어딘가에는 받아들이지 못한 무언가가 남아 있었다. 내가 이 땅에 존재하는 이유, 이 자리에 놓인 까닭, 그리고 여기서 숨 쉬는 까닭, 세상의 모든 존재를 향한 끝없는 의문들이 머릿속 깊이 파고들었다. 이는 부족함 없이 자란 아이의 철없는 방황일지도 모른다. 풍족한 사랑과 지원에도 불구하고, 돋아나려는 첫 사랑니처럼 불가피하게 시작된 이 아이의 첫 방황은 그 끝에서 마침표를 찍어 줄 무언가를 간절히 염원하고 있었다.

2장
유영하는 별들의 지도

여느 클리셰 시나리오가 그러하듯, 마침표 기호를 건네준 사람은 다름 아닌 가장 가까운 곳에 은둔하고 있었다. 한창 입시 준비로 분주한 학교에서 유리 벽 너머의 이방인처럼 지내던 어느 날이었다. 모두가 잠든 줄 알았던 새벽, 거실에는 한 줄기 빛이 밤새 사라지지 않은 채 끈질기게 켜져 있었고, 마치 나를 부르듯 조심스레 길을 만들며 희미하게 깜빡였다. 그 빛을 따라가니, 주황빛의 은은한 조명이 한 사람의 등을 조용히 감싸고 있었다. 엄마였다. 작은 식탁 위에 흩어진 종이와 책, 그리고 정성스럽게 모아둔 무언가들이 어둠 속에서 별처럼 반짝였다. 엄마는 별을 찾는 나의 첫 방황 속에 처음으로 등장한 소우주이다. 내가 좋아할 만한 것들을 하나씩 건네며, 이 중 무엇이든 마음에 드는 것이 있지 않겠냐며 담백하게 물었다. 그러나 그 담백함 속에는 이미 며칠

밤을 새운 건지, 퀭해진 흔적이 그대로 담겨 있었고, 그녀가 준비한 종이 뭉치들에는 피로가 가득 묻어 있었다. 제 피곤은 그저 꾹꾹 눌러 담은 채 오히려 나의 방황을 조심스레 위로하고 있었다.

 그 순간, 나는 깨달았다. 마침표란 문장 끝의 종결이 아니라, 다시 숨을 고르고 이어갈 수 있는 작은 쉼표의 다른 이름일지도 모르겠다는 사실을. 그 쉼표를 나는 엄마의 불빛 속에서 발견하였다. 존재의 이유란 대단한 철학이 아닐지도 모른다. 최소한 나에게는 그렇다. 그저 내 곁에 있는 사랑하는 사람들, 그 온기와 숨결, 내 이름을 부르는 목소리가 내 삶을 붙들어주는 이유였다. 그 이유 하나만으로 나는 하루하루를 견디고, 내일을 맞이하여 오늘까지도 살아왔다. 세상 사람들은 야망 가득한 꿈이나 장대한 목표를 삶의 이유로 삼는다지만, 아직도 많은 이들은 그 빛나는 별들 사이에서 길을 잃은 채 무수한 안갯속을 헤매곤 한다. 내 마음 깊은 곳에는 거창한 사명도, 찬란한 미래도 아닌, 그저 가족이라는 미광(微光)만이 깜박이고 있었다.

 그렇게 대학교 원서 접수를 일주일도 남기지 않은 채 나의 별 찾기가 갑작스럽게 진행되었다. 마치 오래된 별지도를 펼쳐 놓고, 잃어버린 별을 찾듯 내게 어울리는 학과를 발견하기 위해 지도 위를 살폈다. 하고 싶은 게 없다면 잘하는 것을 찾아야 한다는 조언 속에서 가장 먼저 탐색하기 시작한 것은 12년 학교생활의 기록들이었다. 차분히 훑어보다 놀란 사실은 열두 해 동안, 단 한 해도 거르지 않고 미술 관련 상을 받았다는 것. 그 뒤를 잇는 것은 백일장 상과 외국어 상의 흔적들이었다는 것이다. 그 외에는 특정 분야의 상이라기보다 모범상, 임명장, 교과우수상과 같은 명예 훈장 같은 상들이었다. 두툼한 파일 몇 권 속 가득 채워진 상장들을 하나씩 들여다보며 나는 깨달았다. 모르는 사이에 선생님들은 내 존재 자체를 믿고, 나를 향한 조용한 찬사를 놓치지 않으셨다는 것을. 그 꾸준한 격려는 마음속에서 은은한 별빛으로 번져, 잊고 있던 자신감을 조용히 일깨워 주었다. 나는 그 빛을 따라 다시 길을 나서게 되었다.

우여곡절 끝에 입시를 포기하지 않고, 그렇게 받아낸 합격증들 앞에서는 또 새로운 고민이 시작되었다. 나의 방황을 증명하듯 일관되지 못하는 다양한 학과들 사이에서 가장 유력했던 곳은 미대였다. 그러나 나에게 그림 그리기를 좋아하느냐 묻는다면, 선뜻 대답하지 못했던 나의 망설임이 결국 시각디자인과의 합격증을 다시금 놓아 버리게 만들었다. 그림을 그리는 것보다는 감상하는 것을 좋아하던 나였고, 타인의 평가와는 별개로 스스로의 그림 실력에 만족했던 적이 단 한 순간도 없었기에, 나의 길이 아니라고 판단했다. 그뿐만 아니라, 어쩌면 나보다 훨씬 자유롭고 대담한 이들 사이에서 성실만으로 그 자리를 버틸 수 있을지 확신이 없었다. 예술은 수많은 천재들과 누군가의 인맥이 득실거리는 체스판과도 같은 곳이라 생각했다. 단순히 예술이 하고 싶다는 막연한 바람 앞에 현실의 벽을 생각하지 않을 수 없던 나는, 긴 고민 끝에 또 다른 갈림길을 선택하게 되었다.

갈림길 앞에 서 있을 당시에는 드넓게 펼쳐진 큰길 사이의 뚜렷한 분열선이 평생 다시는 만나지 못할 관계처럼 느껴지곤 한다. 그러나 훗날의 시각으로 바라보면, 그토록 먼 양극의 위치에 존재하는 길이어도 언젠가 다시 가지 같은 골목들이 연결되어 합쳐질 수도 있음을 짐작할 수 있다. 갈림길을 걷는 동안 해야 할 일은 그저 스스로에게 수많은 질문을 던져보는 것이다. 두려움과 망설임, 그리고 체념조차 자신을 붙들겠지만, 그 모든 감정은 결국 나를 더 깊이 이해하게 하는 빛의 파편임을 알게 된다. 나는 그렇게 그 파편들을 주워 모아 내 안에서 작은 별들을 만들어갔고, 걸음을 멈추지 않고 나아갔다. 모든 작은 샛길에는 각각의 이야기가 존재했고, 숨은 의미가 있었다. 옳고 그름의 잣대로 재단할 수 없는, 단순하지만 깊은 진리가 모든 선택 속에 감추어져 있었다.

3장
불완전으로 새겨진 놀이의 궤적

호모 루덴스, 놀이하는 인간이야말로 인간의 본질이라 했던가. 무한히 뻗어가는 인공지능 시대 앞에서 나는 물었다. 인간만이 지닌 고유한 힘은 과연 무엇인가. 수많은 데이터를 학습하며 기계적으로 완벽한 답을 내놓는 존재 앞에서, 인간은 때때로 한없이 무력해 보였다. 그런 인간에게 남겨진 고유한 힘이 있다면 무엇인지, 고요히 고민했던 때가 있다. 그리고 그 힘은 '놀이'일지도 모른다고, 문득 깨닫게 되었다. 길을 걷다 발견한 작은 돌멩이를 차곡차곡 쌓아 탑을 만들기도 하고, 종이 한 장과 연필만으로 자신만의 규칙을 만들어 게임을 창조하기도 하는 인간은 일상 속의 사소한 사물조차 하나의 놀잇감으로 여기며, 스스로 세계를 재구성하고 의미를 부여한다. 그 과정에서 실패와 엉킴조차 즐거움이 되며, 우연히 찾아든 불완전함이 새로운 가능성을 열어준다.

인간에게 놀이란, 단순히 시간을 소모하는 유희나 오락이 아니라, 자유롭게 세상을 느끼고, 창조하고, 경험하고, 실험하며, 즐기는 본능의 가장 순수한 증거일지 모른다. 이는 무의미 속에서 의미를 길어 올리는 창조의 행위이자, 불완전함을 기꺼이 끌어안는 자유의 선언이라고,

나는 생각했다. 겉으로는 목적 없는 행위처럼 보일지라도, 사실은 자기 자신을 발견하는 가장 본질적인 인간 행위라고 말이다. AI가 정답을 제시한다면, 인간은 질문을 던지고, AI가 효율을 좇는다면, 인간은 우연과 비틀림 속에서 새로운 길을 발견한다. AI 교사와 인간 교사가 다를 수 있는 부분은 인간 교사는 단순한 지식의 전달자가 아니라, 학생들과 함께 '이 세계를 어떻게 살아낼 것인가'를 묻고, 존재의 불완전성을 함께 공유하며, 공동체로 살아가는 길을 배우게 하는 동반자라는 점이다. 그 길 위에서 던져지는 질문들, 때로는 비틀리고 돌아서는 순간들이야말로 그들의 삶을 빚어내는 진짜 수업이 된다.

  그렇기에 공부 역시 단순히 암기하고 정답을 맞히는 고단한 의무가 아니라, 하나의 놀이가 되어 실패와 실수조차 작은 발견의 빛으로 번져가기를, 지식이 기호로만 머물지 않고 감각으로 살아 있기를, 나는 꿈꾸었다. 교과서 속 숫자와 글자들이 메마른 행렬이 아닌, 이야기와 감정을 품은 세계의 조각으로 살아나기를 바랐다. 이는 단순히 재미를 붙이는 차원이 아니다. 그것은 삶을 감각하는 방식 그 자체를 바꾸는 일이다. 교과서의 숫자와 문장도, 문학 작품의 행간도, 심지어 교실 창문에 비친 하늘빛조차도 하나의 놀이가 될 수 있다. 아이들이 무심히 던지는 농담과 질문, 실패까지 놀이의 일부로 받아들이는 곳. 한 문제를 풀어내는 과정보다 그 문제 앞에서 고개를 갸웃거리고 웃음 섞인 시도를 해보는 과정을 더 기쁘게 바라보는 수업. 그것이야말로 기계는 결코 흉내 낼 수 없는 인간만의 고유한 창조의 현장이라 생각했다. 그 자유로운 가능성의 무대를 나는 교육 속에서 다시 피워내고 싶었다.

  그 막연한 바람은 마침내 고등학교 교육 실습 기간에 실현될 기회를 얻을 수 있었다. 한창 인공지능의 개발로 세상이 떠들썩하게 울리던 시절, 이를 아직 대중화시키기에도, 교육에 접목하기에도 낯선 시기가 있었다. 그럼에도 인공지능을 활용한 창작 수업을 구상해 보고 싶었던 나는, 교과서 속 시를 학습한 뒤 유사한 주제의 시를 인공지능을 활용해 창작해 보는 여정을 지도안에 담아 담당 선생님께 조심스레 내밀었다. 지금은 일상처럼 스며든 인공지능이지만, 당시만 해도 아직 모든 위험성을 가늠할 수 없는 낯선 신기술이었기에 혹여 지나치게 실험적이라 하지 않을까 우려했던 마음이 컸다. 그러나 그런 걱정이 무색하게 담당 선생님께서는 오히려 더없이 환한 미소로, 그리고 따뜻한 격려로 나의 창의적인 시도를 응원해 주셨다.

일반적인 창작 수업과 다른 점은 단순히 아이들에게 빈 종이를 건네며 창작을 요구하는 것이 아니라, ChatGPT에게 특정 조건의 시를 창작해 주길 요청하는 프롬프트 양식을 학생들에게 제공해 준 뒤 인공지능의 시를 수정해 보게 하는 것이었다. 인공지능이 건네준 초고는 그들에게 일종의 사다리였다. 그 사다리를 딛고 올라서서 더 이상 빈 종이의 적막을 홀로 감당하지 않고, 창작의 세계에 망설임 없이 발을 디딜 수 있는 작은 문 하나를 열어주고 싶었다. 작은 문으로 들어온 창작의 세계 속에서 말로 다 하지 못한 감정을 글로 피워내어 고여있던 상처마저도 새로운 이야기로 흘러가게끔 해주고 싶었다. 그렇게 '나만의 언어'라는 씨앗을 심고, 숲을 가꾸며, '불완전한 모습'이 어쩌면 가장 완벽한 인간의 형상이라는 사실을 알게 되기를 바랐다.

인공지능은 더할 나위 없이 매끄럽고 완벽한 문장을 지어내기 위해 작동하지만, 불완전한 감정을 불러일으키는 일은 끝내 인간만의 몫이다. 수업을 하며 내 마음속 깊이 울렸던 사실은 아이들이 창작 과정 속에서 이러한 불완전함을 결핍으로 여기지 않았다는 점이었다. 그들은 단순히 작품의 완성도를 재단하지 않고, 오히려 차이와 어긋남을 기꺼이 끌어안으며, 그 위태로운 여백 위에서 자신만의 언어와 시선을 길어 올리고 있었다. 그들의 웃음, 주저함, 때로는 서툰 시도까지도 모두 하나의 반짝이는 조각으로 만들어갔다. 그리고 그 모든 조각들은 퍼즐처럼 한곳에 모여, 내가 오래도록 꿈꾸어 온 '놀이로서의 수업'이 단순한 이상이 아니라 현실 속에서도 살아 숨 쉴 수 있음을 증명해 주었다.

놀이로서의 수업을 현실로 구현하기 위한 나의 노력은 계속되었다. 인공지능을 활용한 시 창작뿐만 아니라, 다른 방식으로의 실험적인 설계도 시도해 보고 싶었던 나는 시와 음악이 본래 같은 본질에서 시작되었다는 사실을 기반으로 '음악을 통한 시 교육'을 구현해 보기로 했다. 고민 끝에 하나의 뮤직비디오를 제작해 보기로 하였고, 그저 구상이었을 뿐이기에 실제 수업에 적용시키기 전 스스로에게 먼저 실험하기로 결심하였다. 현실적인 여건을 고려하여 선택한 방식은 가상공간을 활용하는 것이었다. 지금은 가라앉고 있지만, 팬데믹 시절, 가상공간과 메타버스에 대한 관심은 뜨거웠고, 나 역시 이것이 미래의 수업 공간 중 하나가 될 수 있으리라 믿었었다.

그렇게 시작된 뮤직비디오 제작기는 나를 단순한 교육 실습생의 자리에 머무르게 하지 않고, 또 다른 창작자의 세계로 이끌어 주었다. 시중에 존재하는 수많은 가상공간의 맵들은 어딘가 정형화되어 있었기에 내가 구현하고 싶었던 영상의 분위기와 맞지 않는다 여겼고, 이에 맵을 아예 처음부터 자체 제작하기로 결정하였다. 원하는 분위기의 가상공간을 컴퓨터로 구현해 낸 후 완성된 맵을 허가받기 위한 신청 과정을 거쳤고, 그 기다림조차 창작의 일부라 여기며 수업 설계를 진행해 나갔다. 맵 허용 승인을 받기까지 며칠을 기다리며, 그 사이 뮤직비디오에 어울리는 배경음악을 제작했다. 오래전부터 취미처럼 즐기던 미디 작업은 이번엔 단순한 취미가 아니라, 수업이라는 무대를 위한 '작은 예술'이 되었고, 나는 오롯이 그 순간을 즐기며 몰입할 수 있었다.

승인받은 맵이 열리자, 마치 새로운 무대에 오르는 배우처럼 설레는 마음으로 카메라를 들었다. 아직 능숙하지 못했고, 완벽과는 거리가 있었지만, 그 모든 시행착오 속에서 나는 오히려 자유로움을 느꼈다. 작은 음 하나와 장면 하나가 서로 호응하며 만들어내는 조율 속에서 비록 혼자였지만, 결코 외롭지 않았다. 그것은 실험이었고, 동시에 놀이였으며, 교육이라는 큰 질문 속에서 또 다른 길을 모색하는 하나의 모험이었다. 제작한 음악에 맞춰 영상 편집까지 마친 후 완성된 결과물을 마주했을 때, 그것은 단순한 과제의 산물이 아니라, 교육을 바라보는 나의 시선이 영상과 음악이라는 새로운 언어로 번역된 하나의 고백처럼 다가왔다. 그리고 나는 깨달았다. 교육이란 지식을 전달하는 일만이 아니라, 마음의 소리를 담아 새로운 세계를 펼치는 일이 될 수도, 또 때로는 한 편의 음악과 한 편의 영상 속에서조차 그 가능성을 발견할 수도 있다는 것을 말이다.

그러나 이 일련의 과정들을 수업으로 설계한 뒤 실제 현장에서의 적용 가능성을 스스로 평가해 보니, 생각보다 시간과 노력이 많이 요구되었고, 단일한 문학 수업보다는 다양한 예술과 기술이 어우러지는 융합 수업에 더 적합하리라는 결론에 닿았다. 이에 따라 수업 시간에는 학생들이 직접 제작하는 활동까지는 하지 않기로 결정하였다. 그 대신 직접 제작한 나의 뮤직비디오를 보여주며, 작품이 품고 있는 낯선 배경과 공간의 구현을 감상할 수 있도록 펼쳐 보였다. 또한, 교과서 속 학습해야 할 작품에 등장하는 생소한 공간을, 메타버스를 통해 보여주는 방식으로 가상공간을 활용하였다. 종이 위에 한 줄로 묶여 있던 텍스트가 화면 속 가상공간으로 변모하는 순간, 아이들의 눈빛은 낯섦과 호기심으로 빛났다.

ChatGPT와 메타버스, 어찌 보면 그 당시 지나치게 실험적일 수도 있는 조합이라 혹여 혼란을 줄까 걱정했지만, 그 우려는 기우에 불과했다. 수업을 감상하신 선생님들께서는 수업이 끝나자마자 지도안과 뮤직비디오 자료를 공유해달라며 진심 어린 관심을 보여주셨고, 교장 선생님께서도 이야기를 전해 들었다며 찾아오셔서 신기술을 접목한 수업에 대한 칭찬과 격려를 아끼지 않으셨다. 예상과는 달리, 교단 위에서의 나의 작은 실험은 곧장 학교 전체의 화제가 되었고, 나는 대표 교생으로서의 수업 시연을 성공적으로 마무리했다는 생각에 처음으로 안도와 기쁨을 느낄 수 있었다.

그러나 진정한 평가는 외부의 칭찬이 아니라, 학생들의 마음속에 어떤 울림을 남겼는가에 달려 있다고 생각했던 나는, 수업 직후 직접 제작한 설문지를 나누어 주었다. '기술 활용 경험, 흥미도, 능률성, 필요성' 네 가지 영역으로 나누어, 객관 13문항, 서술 5문항의 세부 문항을 제작한 후 학생들에게 솔직한 목소리를 부탁했다. 결과를 보니, ChatGPT와 메타버스를 활용한 수업 '흥미도'에 대한 항목에서는 모두 100%를 기록하였으며, '능률성' 또한 각 99%와 95%라는 높은 수치를 보였다. '필요성'에 대한 항목에서도 각각 91%, 95%라는 통계를 추출해낼 수 있었다. 그것은 새로운 기술이 단순한 도구를 넘어, 아이들에게 또 다른 배움의 창이 될 수 있다는 증거였으며, 동시에 내가 꿈꾸어 온 '놀이로서의 수업'이 현실 속에서도 충분히 가능하리라는 확신의 증명이기도 했다.

숫자만으로 표현할 수 없는 따뜻한 반짝임도 존재했다.

- 개선할 점 없음. 완벽함
- 현재 시대 흐름을 따라가는 수업을 해볼 수 있어 의미 있는 수업이라고 느꼈다.
- 창의적인 수업이어서 재미있었습니다.
- 시 창작은 원래 어려운데 이렇게 챗 GPT를 활용하니까 시를 짓는 것도 재미있었다.
- 메타버스와 AI 기술을 이용한 국어 수업이라는 점이 신박했다.
- 인상 깊은 수업이었습니다!!!
- 재밌었다. 수업이 한층 더 재밌어진 것 같다.
- 메타버스를 활용한 수업이 처음이라 굉장히 신기하고 감회가 새로우며 앞으로도 잘 활용되었으면 좋겠다.
- 아주 즐거운 수업이었습니다!
- 이해가 잘 되었다.
- 오늘 수업을 메타버스와 챗GPT를 사용해서 신기하고 재밌는 수업을 해주셔서 감사합니다.
- 완-벽
- 즐거운 수업 시간이었고 시간 가는 줄 모르게 즐긴 수업입니다.
- 너무 재미있었고 도움 되는 수업이었습니다.
- 완벽하십니다.
- 민영쌤이어서 재밌었다.

수업 총평에 대해 자율로 작성하는 마지막 설문 문항에서는 약 130명의 학생들 전원에게 호의적인 평가를 받을 수 있었고, '민영쌤이어서 재밌었다.'는 귀여운 평에 함박웃음이 지어지기도 했다.

4장
교실 속 작은 은하수

교육 실습을 시작하고, 교실이라는 작은 우주 속에 발을 들였을 때, 나는 처음으로 고등학생들과 같은 눈높이에서 숨을 쉬었다. 그들의 호기심 어린 질문과 귀여운 장난, 치열한 경쟁 속에서 나는 잃어버렸던 별빛을 다시 발견한 기분이었다. 아이들의 말 한마디, 서로 부딪히며 오가는 감정, 손끝으로 쓴 글씨 하나까지도 주의 깊게 바라보며, 그 안에서 또 다른 빛의 조각을 주워 모았다. 때로는 시험과 성적, 미래에 대한 불안으로 마음이 뒤엉킨 그들을 지켜보며 안타까워했고, 때로는 예상치 못한 재치와 통찰력에 놀라기도 했다. 그 모든 순간이 나에게는 배움이었고, 성장을 유발하는 작은 불빛이었다. 교사는 일방적인 가르침의 주체가 아니라, 아이들과 함께 별을 찾아 걸어가는 동반자임을 다시 한번 느끼게 되었다.

상담을 진행하며, 고등학생들의 고민과 반항, 갈등 속에서도 나는 깨달았다. 별빛은 하늘에만 있는 것이 아니라, 그들의 눈빛과 말, 그리고 교실이라는 일상의 공간 속에서도 살아 숨 쉰다는 것을. 아이들과 함께 웃고, 고민을 나누며, 작은 성취를 기뻐하는 매 순간이 쌓여갈수록,

나는 나 자신과도 더욱 단단히 연결되었다. 그들의 별빛과 내 안에서 어렴풋이 피어나던 나만의 별빛이 만나, 서로를 비추고 겹치며, 빛을 만들어냈다. 그리고 나는 알았다. 별을 좇는 여정은 혼자가 아닌, 함께 걷는 길이라는 것을. 학생들과 함께 치열한 성장의 순간을 공유하며, 그들의 빛을 지켜주고, 나 자신의 빛 또한 확인하는 이 과정이야말로 진정한 의미를 가진 여정이라는 것을. 별을 찾는 일은 끝나지 않겠지만, 함께 걸어가는 길에서 서로의 빛을 발견하고 지켜주는 순간이 우리를 반짝이게 만들고 있다는 사실을 말이다.

나는 학생들과 마주 앉아 대화를 나눈 뒤, 그들의 흔적을 오래 붙잡아 두고 싶은 마음으로 상담록을 만들었다. 흔히 떠올리는 단조로운 기록지는 아니었다. 칸칸이 나뉜 형식 속에서 장래 희망, 특기, 고민거리를 적어 넣는 서류가 아니라, 아이들 한 명 한 명의 삶을 담아내고 싶었다. 단정한 표로 기록을 정렬하는 대신 아이들이 인상 깊게 본 작품의 줄거리와 비하인드 스토리, 밸런스 게임에서 학생이 선택한 영역에 대한 분석, 학생이 푹 빠진 작가의 또 다른 추천작과 나의 감상평, 좋아하는 만화의 주인공 사진과 캐릭터 성격, 즐겨하는 게임의 역사와 메뉴얼, 애정하는 밴드의 로고 사진, 학생이 좋아할 만한 음식 사진들로 가득 채웠다. 종이는 어느새 아이들의 별자리가 덕지덕지 달라붙은 은하처럼 변해갔다.

처음에는 그저 학생들의 소우주를 탐구하기 위한 자료를 모으는 작업이라 여겼다. 그러나 한 장 한 장 쌓일수록, 나는 단순히 그들의 취향을 기록하는 것이 아니라 아이들의 세계에 귀 기울이는 일에 가까워지고 있음을 깨달았다. 이 상담록에는 학생들이 무심히 건네준 '좋아한다'는 말의 조각들이 모여, 한 사람의 존재를 드러냈다. 그것은 학생 개

개인의 존재를 낱낱의 좌표로 생생하게 새겨 두는 일이었다. 내가 만든 상담록을 넘기며 나는 깨달았다. 한 사람의 존재는 기록될 수 없는 무수한 조각들의 집합이라는 것을. 시험 점수와 생활 태도로는 결코 담을 수 없는, 기묘하고도 다채로운 파편들이 모여 '그 아이'가 된다는 사실을. 그래서 나의 상담록은 누군가를 평가하거나 교정하기 위한 도구가 아니라, 오히려 존재를 증명하는 자그마한 기념비가 되었다. 아이들을 관리하기 위해 기록한 것이 아니라, 그들의 고유한 결을 보존하고 싶었던 것이었다.

　어쩌면 인간을 이해한다는 것은 거창한 언어로 요약하거나 분석하는 것이 아니라, 사소한 기호들의 배열 속에서 그 사람이 사랑하는 세계를 함께 들여다보는 일일지도 모른다. 그러니까 그들이 서 있는 세계를 인정하고, 그 세계의 색과 향기를 받아들이는 일일지도 모른다. 상담록에 붙여 놓은 사진들은 학생들의 얼굴이 아니라, 그들이 머물고 싶은 세계였다. 나는 교사로서 기록을 남겼지만, 동시에 한 인간으로서 또 다른 인간의 세계를 들여다보는 연습을 하였다. 아이들의 취향이 덕지덕지 붙은 종이 위에서, 인간이란 결국 자신이 좋아하는 것들을 통해 살아가고, 그 '좋아함'을 통해 다른 이와 이어지는 존재라는 단순하면서도 심오한 진리를 보았다. 상담록이라는 작은 책자는 아이들의 '본질'을 기록한 것은 아니었지만, '본질을 향해 가는 흔적'을 담아낸 일기장처럼 보였다. 철학적으로 생각해 보면, 이 행위는 일종의 '존재론적 채집'인 것이다. 인간은 늘 타인의 존재를 단순화하고 범주화하려 하지만, 진짜 인간은 그 틀을 벗어나 무수히 흔들리는 빛의 결 같은 존재이다. 나는 상담록을 쓰면서 아이들의 미래를 설계하거나 통제하려는 교사의 권위에서 멀어져, 오히려 인간을 이해하려는 관찰자이자 동행자가 되었다.

　상담록은 하나의 작은 우주처럼 채워졌다. 아직 친해지지 못한 아이들도 서로의 취향을 보며, 비슷한 결의 친구와 자신의 세계를 공유할 수 있기를, 그래서 서로의 소우주를 탐구하고, 확장해 낼 수 있기를 바라는 마음으로 해당 상담록을 담당 선생님께 전해드렸다. 그는 이번에도 학교 저편까지 닿을 정도로 빛나는 미소를 지으며, 나의 정성에 대한 감탄과 함께 칭찬해 주셨다. 자신의 교사 단톡에 올려도 되냐며, 사진을 찍으셨고, 선생님의 기분 좋은 반응 덕분에 마음 깊은 곳부터 충만해지는 기쁨을 가득 느낄 수 있었다. 담당 선생님께서는 참된 교사의 표본이셨다. 종종 질문했던 나의 서투른 수업 고민에도 늘 따스하게 대답해 주셨고, 진로 결정 방법에 대해서도 진심 어린 말을 건네주셨다. 학생들뿐만 아니라 훌륭한 선생님까지 이곳에서 만났다는 것은 나에게 가장 귀한 행운이 아닐 수 없었다.

　담당 선생님과의 만남은 단순히 행복한 교육 실습의 경험을 넘어, 교사라는 직업의 본질을 새삼 깨닫게 하는 나날들을 불러일으켰다. 그분은 언제나 나무가 아닌 숲을 먼저 바라보셨고, 교사의 역할을 단순히 학교라는 정형화된 틀 속의 '지식을 전달하는 사람'이 아닌, '삶을 함께 살아가는 동행자'로 이해하고 계시는 듯 보였다. 학교에서 그는 유독 인기가 많았다. 단순히 멋있기 때문만은 아닌 것 같았다. 학생들은 그를 마치 형처럼 따랐으며, 그들의 경외심 어린 눈빛이 나의 눈에도 읽힐 정도였다. 그를 친근하게 인식하면서도, 마냥 편하게만 대하지는 않는 태도를 바라보며, 학생들은 순전히 그를 좋아한다는 감정을 넘어선, 진심으로 존경하고 있다는 사실을 짐작할 수 있었다. 이는 그가 학생들을 대할 때 권위와 애정 사이에서 얼마나 균형을 잘 잡고 있는지도 알 수 있게 해주는 방증이었다. 나는 그 모습 속에서 교사의 가장 큰 힘이 권위나 지식의 양이 아니라, 결국 사람을 향한 진심이라는 사실을 배울 수 있었다. 아이들이 선생님 곁에서 마음을 열고 성장할 수 있었던 것은 바로 그 따스한 모습 덕분이 아니었을까.

이제 나는 안다. 결국 교육이란, 정답을 가르치는 일이 아니라, 인간의 불완전함 속에서만 태어나는 '아름다운 우연'을 기다리는 일이라는 것을. 불확실성과 우연성, 그리고 상호작용의 힘을 믿는 철학적 실천이라는 것을. 내가 교육자로서 그리고 싶었던 풍경은 인공지능의 완벽함이 아닌 인간만이 빚어낼 수 있는 어긋남과 불완전함이 오히려 빛나는 별처럼 반짝이는 세계였다. 단순히 정답을 나열하는 세상이 아니라, 질문이 다시 질문을 낳고, 삶에 대한 본질적인 질문이 우리들의 일상을 흔들어 깨우는 자리. 그 안에서 인간의 불완전함을 인정하고, 감내하며 더 큰 의미를 향해 나아가는 길을 걷고 싶었다. 청춘의 갈등과 고민 속에서도 그들 각자의 별빛을 함께 찾아 걸어가며, 그 빛이 흔들리지 않도록 손을 맞잡아주는 존재가 되고 싶었다.

망망대해를 비추는 미광(微光)

교육 실습 이후, 나의 관심은 한 교실 안에서의 작은 실험에만 머무르지 않게 되었다. 실험적이고, 창조적인 수업 설계와 이에 대한 학생들의 피드백을 통해 하나의 교육 프로그램을 설계해 나가는 데에 흥미를 느끼게 되었던 나는, 단순히 교과 지식을 전달하는 것을 넘어, 교육학적 차원에서 인간과 기술, 놀이와 배움이 어떻게 조화를 이룰 수 있을지 고민하는 것에 닿게 되었다. 수업 경험은 나로 하여금 더 큰 질문으로 이끌었다. 인간과 기술은 어떻게 함께 배우고, 함께 성장할 수 있을까? 교육은 어디까지가 지식의 전수이고, 어디서부터가 삶의 철학이 되어야 할까? 그리고 우리는 어떻게 아이들의 잠재된 감각을 더 많은 순간 속에서 꽃피우게 할 수 있을까?

그 질문의 저류 속에서 점점 더 교사의 자리뿐 아니라, 그 너머의 자리를 바라보게 되었다. 한 사람의 교실을 넘어, 더 많은 교실과 더 먼 시간 속에서 '인간다움'을 어떻게 지켜낼 수 있는지를 묻는 자리, 그러니까 '교육' 그 자체에 대해 탐구하고, 분석하는 연구자. 그것이 내가 가야 할 길이 아닌지 생각하게 되었다. 교사가 아이들 곁에서 동행자가 된다면, 교육 연구자는 그 여정을 더욱 깊이 있게 탐구하고 확장할 수 있는 또 다른 길 위의 여행자였다.

어쩌면, 별을 찾던 청소년기의 여정은 여기서 다시 이어지는 것일지도 모른다. 정교사 자격증을 손에 쥐고 졸업을 맞이하던 해, 운명은 잔인한 농담처럼 두 갈래의 길을 동시에 펼쳐 놓았다. 대학원 입학시험과 임용고시가 겹쳐버린 그 하루는, 지금도 선명한 기억으로 남아 있다. 그 운명의 분기점에서 나는 오랫동안 서성였다. 교사가 되어 곧장 교실로 들어가는 길과 학문 속으로 다시 발을 들이는 길. 두 길 모두 매혹적이었고, 동시에 두려웠다. 한쪽은 안정과 현실이었고, 다른 한쪽은 미지와 사유의 세계였다. 긴 망설임 끝에 나는 결국 교단이라는 무대에 곧장 오르는 대신, 조금 더 길고 고독한 길을 택했다. 더 깊이 배우고, 더 오래 고민하는 쪽으로 발걸음을 옮겼다. 가르침을 미루고, 배움을 연장

한 그 결정은, 어쩌면 내 안의 어떤 갈증을 따라간 결과였을지도 모르겠다.

선택의 기로 앞에 서서 늘 오랫동안 방황하던 내가 대학원 진학을 결정하며, 주저 없이 나의 지도 교수님을 선택했던 이유는 그분 곁에서라면 어떤 결말이 기다리고 있더라도 후회하지 않으리라는 확신이 있었기 때문이다. 그녀는 내 눈에 외양과 인품, 말투와 태도, 세심함과 환한 웃음까지 모든 게 하나의 조화를 이루며 완벽해 보였다. 심지어 그림을 좋아하는 취향만으로도 마음이 끌렸다. 햇빛을 처음 만난 이파리처럼, 부모를 따라다니며 사랑받기를 원하는 어린아이처럼, 한 사람만을 향해 고요히 순정을 쌓아가는 10대 소녀처럼, 그저 마냥 좋았다.

그리곤 깨달았다. 지금 내가 느끼는 그녀 곁의 후광이 학생들이 학창 시절, 자신만의 은사(恩師)를 처음 품게 될 때의 경험이라는 것을 말이다. 지금까지 겪어 온 모든 스승들을 존경함에도 그것과는 또 다른 감정이었다. 오히려 내가 겪은 무수한 훌륭한 스승들 사이에서조차 이런 감정을 느끼게 될 줄은 몰랐다. 교수님께서 우리 학교에 오시자마자 강의하신 모든 수업을 졸업 전까지 수강하며, 처음 느끼는 이 새로운 감정에 대한 정의를 차곡차곡 내려갔다.

나는 교수님의 수업 능력뿐만 아니라, 무심코 뱉은 한마디 사이에서 드러나는 그녀의 삶과 따뜻함이 좋았던 것 같다. 마냥 인자한 것이 아닌, 이성적이면서도 책임감 강한 그녀만의 특별한 애정이 존경스러웠다. 다만 그 감정을 드러내는 일에는 늘 조심스러웠다. 혹여 내 진심이 서투른 표현 속에 왜곡되어 가벼운 아부로 비칠까 봐, 오히려 부담을 끼치게 될까 봐, 두려웠기 때문이다. 과묵한 나의 존경은 언제나 절제되었고, 스멀스멀 퍼져나가는 봄날의 꽃 내음처럼 마음속에서만 은밀히 깊어져 갔다.

 따라서 이 길을 선택한 것은 단순한 미련이나 거창한 야망이 아니라, 늘 그래왔던 것처럼 나만의 미광(微光)을 찾아온 결정일 지도 모른다. 나는 여전히 답을 찾아가는 중이다. 교사가 될 것인지, 연구자로 남을 것인지, 혹은 그 둘을 아우르는 제3의 길을 걸을 것인지. 그러나 분명한 것은 그 방황 자체가 나를 키우고 있다는 사실이다. 그래서 나는 감히 말해본다. 나의 방황은 미완이 아니라, 여전히 쓰이고 있는 한 편의 원고와도 같다고. 나는 그 원고의 문장 사이를 오가며 조금씩 덧붙이고, 다시 지워내며 수정하고 있다. 언젠가 완성될지 모르는, 그러나 어쩌면 끝내 완성되지 않을지도 모르는 이야기를 말이다.

 별빛은 하늘 위에만 존재하지 않는다. 내가 그토록 찾아 헤매던 별은 반드시 하늘에만 있는 것이 아니었다. 나의 발걸음 속에도, 나를 바라보는 눈빛 속에도, 그리고 아직 꺼내지 못한 내 마음 깊은 곳에도 존재했다. 그리고 이젠 안다. 광활한 바다를 떠돌다 만난 빛이 비록 희미하게 깜박여 보일지라도 그 빛을 향해 천천히 걸음을 옮기다 보면 그것이 언젠가 장엄한 등대가 되어 나를 인도한다는 것을, 동시에 스스로조차 미처 발견하지 못한 내면의 빛을 일깨워 줄 수도 있다는 것을 말이다. 별빛은 나를 어딘가로 데려가기 위해 빛나는 것이 아니라, 내가 걸어온 길 위의 조각들을 비추고, 내 안의 어둠 속에 잠들어 있던 가능성을 일깨우기 위해 존재한다는 것을, 그 모든 방황은 내가 걸어온 길을 사랑하게 만들기 위해, 그리고 나 자신과 화해하며, 내 안의 빛을 발견하게 만들기 위해 존재한다는 것을, 이젠 안다.

 그러니, 무한한 암흑 속에서 별을 찾다 길을 잃은 이여, 고개를 들어 하늘만 응시하지 말고, 발끝에 스며든 은은한 빛 하나에도 귀를 기울여 보라. 그 희미한 빛 하나가 당신의 발걸음을 이끌어 줄 작은 이유가 되어 줄지 모르기에. 어쩌면 미약한 허상조차도 때로는 길 잃은 마음을 붙들어주는 진실의 그림자, 혹은 또 새로운 길로 이끄는 운명의 신호일 수도 있기에. 그것이 당신의 눈길을 스치는 순간을 놓치지 않기를 바란다. 부디 방황의 길 위에서 당신만의 미광(微光)을 꼭 발견하길 기원한다. 그 빛은 언젠가, 당신의 길을 비추는 은은한 등불이 되어 끝내 어둠 건너편의 새벽으로 데려다줄 것이니.

김수민

교육대학원
영어교육 석사과정

나의 삶이
곧 수업이 되기를

1장
교사의 글쓰기

　좋은 선생님이 되고 싶었다. 그런 단순한 마음으로 초등 교사가 되었고, 한동안 나는 매시간 재미있는 수업을 하는 '좀 쿨한 선생님'이라는 학교에서의 페르소나에 심취해 행복했다. 그리고 무엇보다 즐거웠다. 학생들과 영어 동화책을 읽고 재미있는 활동을 하는 동아리를 꾸리기도 하며 학생들도 즐겁고 나도 즐거운 하루하루였다. 나의 교육철학은 단순하다. '학생도 즐겁고 교사도 즐거운 교실, 그 와중에 배움이 일어나는 교실'이다. 한동안 나는 이에 부합하는 교직 생활을 했다고 감히 자부할 수 있다.

　하지만 어느 순간 아이들을 보는 것이 즐겁지 않았다. 교육계 안팎에서 터지는 각종 사건사고들 때문만은 아니었다. 상당히 개인적인 이유였다. 다섯 번의 인공수정, 그리고 시험관 시술을 거치며 찾아오지 않는 '우리 애'를 기다리는 마음이 너무 힘들었기 때문이다. 교사로서의 내가 있기 이전에, 인간으로서, 여자로서, 아내로서의 내가 바로 서 있어야 하는데, 점점 조급하고 불안한 마음이 커져만 갔다. 매일 학교에 나가 교단에서 아이들을 만나면서, 동시에 나의 아이를 갖기 위해 병원에 다니는 일은 시간이 지날수록 스트레스로 다가왔다. 잠깐만 쉬어야겠다고 생각한 대학원 공부는 그 과정에서 수년을 쉬게 되었다.

 그러던 중 글쓰기를 만났다. 시작은 블로그에 올리던 소소한 일상 기록과 교육 자료 나눔이었다. 교육에 관한 생각, 교사에 관한 생각, 하지만 대부분은 그냥 인간으로서의 내 생각을 기록하고 또 기록했다. 그러자 신기한 일이 일어났다. 내 마음에 평화가 찾아온 것이다. 마음이 시끄러울 때 일단 노트북 앞에 앉아, 일상 속에서 찍었던 사진을 죽 드라이브로 옮겨놓고, 그 사진들을 보며 최근 있었던 일들을 되짚어보고 소소한 일기를 쓰기 시작했다. 그러면 신기하게도 마음이 가라앉고 '아 이런 순간도 있었지. 이때 재밌었지. 이거 맛있었지.' 등의 생각을 하며 은은하게 미소 짓고 있는 나 자신을 발견한다. 내 블로그는 한 번도 실제로 만난 적 없는 인터넷 속 이웃들이 꾸준히 찾아와 글을 읽으며 가볍게 힐링하고, 때로는 정보를 얻어 가는 공간이 되었고, 우리 남편과 양가 부모님들도 종종 들러서 웃다가 울다가 하는 그런 소중한 공간이 되었다.

 그렇게 블로그 글쓰기를 하면서, 나는 학교라는 물리적인 공간이 아닌 인터넷 세계에서도 선생님들을 만났다. 그리고 그 선생님들의 네트워크에 들어가게 되었다. 수업 자료 나눔을 적극 실천하고, 글쓰기를 좋아하는 선생님들과의 네트워크였다. 초등, 중등, 고등학교 선생님들, 사서 선생님, 영양 선생님, 보건 선생님 등 직군을 가리지 않고 학교 구성원으로 존재하는 다양한 선생님들이 '글쓰기'와 '교육'이라는 공통 관심사로 하나가 되었다. 평소 학교에서 만나는 동료 선생님들은 아무래도 제한적일 수밖에 없었지만 이렇게 관심사를 기준으로 만난 선생님들의 세계는 또 새롭고 신선한 자극이었다. 우리는 함께 책을 읽었고, 책에 관한 이야기를 나누었으며, 글을 썼고, 그 글을 모아 책으로 엮었다. 처음에는 '부크크'라는 자가 출판 플랫폼을 통해『우리는 사랑함으로써 선생님이 된다』(자기경영노트 2기)를 직접 출판했고, 그다음엔 '북스타' 출판사를 통해『책 속 한 줄의 힘(소소하지만 매일 읽습니다)』(자기경영노트 성장연구소/저자 23인)을 썼다. 개인 블로그에 끄적이던 나의 생각 조각을 더욱 정련된 언어로 다듬고 다듬어 한 편의 완성된 꼭지로 완성하는 일은 정말 매력적이고 즐거운 일이었다. 그리고 무엇보다 각자 다른 생각을 가지고 있는 선생님들의 글을 함께 모았다는 점에서 너무나 뜻깊은 일이었다. '무지개와 같은 아름다운 다양성'이라는 표현은 클리셰지만, 그 표현이 이토록 적합할 수 있을까 싶었다.

나에게 있어서 글쓰기는 선생님으로서 나의 수업 기록을 남기고 성찰하는 도구이자, 다른 선생님들에게 자료를 나누는 전문적인 작업이다. 동시에 글쓰기는 인간으로서의 나를 치유하고 타인과 연결하는 도구가 되어 주었다. 그렇게 스스로를 치유하며 중단했던 대학원 공부를 다시 이어갈 결심을 하게 되었고, 학부생과 대학원생이 함께하는 글쓰기 동아리에도 참여하며 다시금 예전의 활기를 되찾았다.

그리고 신기한 일이 일어났다. 그렇게 다시 활기를 되찾아 공부하고 글을 쓰다 보니, 어느새 나에게도 소중한 아기천사가 찾아왔다. 객관적으로만 보면 공부량이 늘어나고 활동 반경이 넓어져 신체적으로 더욱 무리가 갔을 법도 한데, 신기하게도 아기가 찾아온 것이다. 그냥 때가 되어서 찾아온 것일 수도 있고, 내가 모르는 과학적인 이유들이 있을 수 있겠지만, 혹은 순전히 운이 좋았을 수도 있지만, 나는 이를 글쓰기를 통한 치유의 힘이라고 믿는다. 누군가 단조로운 직장 생활에서 매너리즘에 빠져있다면, 번아웃으로 고통받고 있다면, 혹은 나와 같이 개인적인 일로 마음이 힘들다면, 조심스레 글쓰기를 권하고 싶다. 때론 가장 사소한 행위가 가장 큰 위로가 될 수도 있기 때문이다.

수민 업고 튀어

 드라마 「선재 업고 튀어」를 보았다. 선재와 솔이의 풋풋하고 간질간질한 사랑 이야기에 두근두근 설레는 마음을 한동안 숨길 수 없었다. 그렇게 한참 로맨스 장르를 찾아보며 드라마 세계 속 설렘을 쫓아다녔다. 「선재 업고 튀어」는 세 번을 돌려봤고, 이미 예전에 두 번씩 완주했던 판타지 로맨스의 대명사 「도깨비」도 첫 화부터 다시 돌려봤다. 나와 특히 개그 코드가 맞아 배꼽 잡고 깔깔 웃으면서 봤던 로맨틱 코미디 「멜로가 체질」도 다시 완주했다. 그렇게 몇 날 며칠을 드라마 속 설렘에 푹 빠져 살았다.
 그날도 어김없이 하루를 마감하고 이불에 포옥 싸여 에어팟을 꽂고 휴대폰으로 로맨스 드라마를 보던 중이었다. 나보다 일찍 잠든 남편이 뒤척이다가 내 쪽으로 돌아누웠는데, '흠냐흠냐'하며 쩝쩝거리고 뒤집기를 하는 모습이 코믹하면서도 너무 사랑스러웠다. 잠시 드라마를 일시 정지하고 남편을 바라보았다. 잠꼬대를 하는 남편의 손을 한 번 꼬옥 잡은 후 다시 드라마에 집중하기 위해 휴대폰으로 눈을 돌렸다. 그 순간 남편이 다시 내 손을 꼬옥 잡고 놓아주지 않는 것이 아닌가. 순간 피식하고 웃음이 났다. 만약 지금 이 순간을 드라마로 만든다면 아름다운 배경음악을 깔고 적절한 촬영 각도로 연출하여 충분히 간질간질하고 아름다운 로맨스 드라마의 한 장면이 될 수 있을 것이라는 생각이 들었다. '뭐야, 이거 완전 「수민 업고 튀어」 아니야?'라며 혼자 머릿속으로 낄낄거렸다.

참고로 우리 부부는 현재 5년 차 부부이다. 우리 커플의 장르는… 처음에는 분명 로맨스였던 것 같은데 어느 순간 자연스럽게 로맨틱 코미디로, 그리고 지금은 베스트 프렌드가 된 남편과 함께하는 일상을 그리는 시트콤으로 정착했다고 표현해야 가장 적합할 것이다. 그렇게 시트콤 속에 살면서 가장 편하고 재미있는 서로만의 개그맨이자 단짝 친구가 된 우리이다. 그런데 가만히 생각해 보면, 이렇게 침대에 누워 자연스럽게 손을 맞잡는 것과 같은 우리의 일상적인 행동들도 로맨스 드라마적 장면 연출을 하고자 한다면 가능하지 않을까? 그러면 하루 24시간 중 적어도 2~3장면은 꽤나 콩닥콩닥한 장면이 나올 수 있을 것 같다. 첫 만남의 설렘은 물론 없다. 첫 만남이 아니니까 그럴 수밖에. 그러나 우리는 2년의 연애 기간과 5년의 결혼 생활을 거쳐 우리 나름의 방식대로 여전히 서로를 사랑하고 있다.

모든 사람은 다 자기만의 스토리가 있고, 우리는 모두 각자 인생의 주인공이다. 나는 내 인생이라는 드라마에서 제일 멋진 여자 주인공이다. 장르를 로맨스로 정한다면 나의 상대역은 우리 남편이 될 것이고, 그는 이 세계에서는 가장 핫하고 잘나가는 남자 배우다. 장르가 로맨스 하나만 있으면 재미없으니, 또 한 편의 드라마를 더 찍어본다고 생각해 보자. 이번엔 학교가 배경인 청춘 드라마물이다. 물론 내 인생이니 여기서도 내가 주인공인데, 여기서 나의 역할은 선생님이다. 로맨스물과의 차이점은, 상대역이 우리 남편이 아닌 학생들이라는 점일 것이다. 학교 현장에서 일어나는 일들은 기승전결을 이루어 하나하나 에피소드로 만들고자 하면 수많은 에피소드를 가진 학교 드라마로 만들 수 있을 것 같다. 여기까지 생각이 미치니 갑자기 내 모든 인생이 재미있게 느껴졌다. 출근하며 '오늘은 어떤 에피소드가 기다리고 있을까'라는 생각에 혼자 피식거리며 학교를 향하니 또 새로운 기분이 들었다.

　학교에 근무하면서, 스스로를 소중하지 않다고 생각하는 학생들을 많이 보았다. 반짝반짝 빛이 나는 것만 같은 인기 있는 친구들을 바라보고 부러워하며, 그런 친구들에 비해 본인은 예쁘지도, 멋있지도 않다고 생각하거나, 공부는 걔보다 못하고, 축구는 쟤보다 못하고… 등 자신을 끊임없이 남과 비교하며 스스로의 가치를 몰라보는 학생들을 많이 본다. 나는 그런 학생들을 만날 때면 늘 이야기한다. 너는 너 자체로 소중한 사람이라고. 그리고 너는 너라는 세계 속에서 제일 중요한 사람이고 네 인생의 주인공이라고. 우리의 인생에서 주인공은 우리가 부러워하는 그 친구도, 저 친구도 아니고 바로 본인이라고 꼭 이야기해 준다. 그리고 이것은 절대로 단순히 그 순간 학생을 위로하기 위한 일시적인 빈말이 아니다. 선생님의 인생 속에서 주인공은 선생님 본인이고, 너의 인생 속에서 주인공은 너고, 저 친구의 인생 속에서 주인공은 저 친구고, 우리 모두는 각자의 인생에서 주인공이니 절대로 스스로의 가치를 폄하할 필요가 없으며, 그걸 잊으면 안 된다고 나는 강조한다.

　　한 사람에 하나의 역사
　　한 사람에 하나의 별

70억 개의 빛으로 빛나는

70억 가지의 world

(중략)

각자만의 꿈 Let us shine

넌 누구보다 밝게 빛나

(중략)

우린 우리대로 빛나

우리 그 자체로 빛나

- 방탄소년단, 「소우주」 中

    방탄소년단도 노래하듯, 우리는 모두 각자의 역사를 가지고 있으며, 각자만의 꿈이 있고, 그 자체로 빛난다. 각각의 학생들은 모두 하나의 빛나는 별이며, 우리 반에 25명의 학생이 있다면 25개의 별이 있는 셈이다. 즉, 우리 반은 일부 인기 있는 1~2개의 별을 중심으로 돌아가는 곳이 아닌, 25개의 별이 모두 반짝이는 소우주라는 것이다.

    '너는 너 자체로 소중한 사람이야. 너는 네 인생의 주인공이야.'라는 말은 어찌 보면 너무나 당연한 말이다. 하지만 이렇게 당연한 진리를 '진심으로' 깨닫는 데에는 나 역시 상당히 오랜 시간이 걸렸다. 따라서 학생들이 나의 이 말 한마디에 곧바로 모든 자존감을 회복하고 사춘기 고민을 해결하리라고는 생각하지 않는다. 다만 성장기의 중요한 시점에서, 생각보다 단순한 인생의 진리를 그들보다 조금이라도 일찍 깨달은 어른이 그들 곁에서 한 번이라도 더 상기시켜 주는 역할을 하는 것 역시 학교 선생님의, 아니 모든 책임감 있는 어른의 역할이 아닐까 생각한다. 진리는 너무나 단순하지만, 아이러니하게도 끊임없이 상기시키지 않으면 금세 까먹어버리기 쉬운 특성이 있기 때문이다.
　내가 좋아하는 어느 작가의 말처럼 이 세상에 하찮은 삶은 없다.

　　이 책을 쓰는 3년 넘는 시간 동안 내 컴퓨터에는 이런 문장이 굵은 글씨로 새겨져 있었다. '하찮은 예술은 없다.' 이 책을 다 쓴 지금에 와서 나는 더 단단한 자세로 말할 수 있게 되었다. 하찮은 예술도 없고, 하찮은 삶도 없다.
　　　　　　　　　　　　　　- 이소영, 『서랍에서 꺼낸 미술관』中

　인기 있는 친구들을 동경하며, 그들과 비교했을 때 내 모습은 한없이 초라하고 하찮다고 느끼는 수많은 학생들이 스스로 인생의 주인공임을 인지하고, 그 어느 모습 하나도 하찮지 않음을 조금이라도 일찍 깨닫기를 바라는 마음이다.
　때론 이미 다 큰 것 같은 성숙한 학생도 사실은 속으로는 여전히 여리디여린 어린아이이며, 겉으로는 단단해 보이고 순한 아이도 내면에는 사춘기의 방황을 그 누구보다 격렬하게 겪고 있을 수 있음을 나는 수많은 학생들을 접하며 알게 되었다. 또한, 내면이 무너지면 학습도 단단할 수 없음을 우리는 알고 있다. 학교에서 교사의 역할이 단순히 교과교육을 잘하는 것만으로 그칠 수 없는 이유다. 그러한 이유로 나는 내 인생의 '학교 드라마'를 옴니버스식 구성으로 연출해 보기로 한다. 그렇게 오늘은 이 친구를 조명하여 오늘 에피소드의 주인공으로 세운다. 내일은 저 친구를 주연으로 저 친구의 이야기를 집중적으로 다루어 볼 테다. 결국 학교 드라마는 모든 학생들이 주인공이 될 수밖에 없는 이야기인 것이다. 그리고 나는 이 모든 학생들이 늘 스스로가 '주인공'임을 깨달을 수 있도록 도와주는 현명한 선생님이 될 수 있기를 바란다.

3장
인생은 순환이다

우리 엄마와 아빠는 대학교 CC(캠퍼스 커플)이셨는데, 직장 생활을 시작하면서 엄마가 먼 지역으로 발령을 받으셨다. 그런 엄마를 위해 아빠는 당시 밤샘 당직을 선 후에도 새벽 기차를 타고 엄마를 만나러 가서는 잠시 얼굴 보고 다시 기차 타고 복귀하는, 그야말로 열혈 남자 친구셨다고 한다. 그리고 엄마 직장으로 꽃을 한가득 보내는 팔불출의 모습은 덤이었다는 후문이다. 나는 이런 이야기를 들을 때마다 엄마와 아빠의 청춘, 우리와 별반 다르지 않았을 여자 친구, 남자 친구로서의 부모님의 모습이 너무 신기하기도 하면서, 동시에 알 수 없는 인류애를 느낀다. 『세상에 없던, 꼭 필요한 결혼 준비』(조유나)에 다음과 같은 이야기가 나온다.

이제는 쭉 독립해서 살아갈 새로운 여정이다. 과연 잘할 수 있을까? 그런데 신기하게도, 처음 경험해 보는 신혼이건만 어떤 장면은 이미 겪은 듯 익숙함이 겹치기도 한다.
(중략)
결혼 후 독립의 과정은 처음 걸어 보는 길인데 이렇게 때때로 내

어린 시절 또는 부모님의 어떤 모습과 연결된다. 난 이런 데자뷔가 반갑다. 모르는 것투성이 일 것만 같은 결혼, 출산, 육아, 양육, 부부 관계에서 그 시절의 부모님을 길잡이로서 만날 수 있음이 안도감을 준다.

- 조유나,『세상에 없던, 꼭 필요한 결혼 준비』中

너무나 공감할 수밖에 없었다. 작가가 신혼생활에 느낀 데자뷔에 대한 설명, 그리고 책의 후반부에 등장하는 '어른 세대 배턴 터치'라는 표현까지 어쩜 이렇게 찰떡으로 표현했을까 싶었다. 결혼을 하고서 내가 남편과 겪는 일, 그 와중에 느끼는 감정들, 나아가 전에는 없었던 시댁과의 관계 등 모든 것들이 객관적으로는 결혼을 한 후 겪게 된 '새로운' 것들이지만, 신기하게도 새롭지 않았다. 디테일은 다를지언정 내가 어릴 때부터 보고 자라왔지만 '직접적으로 나의 일'은 아니었던 것들이 내 것이 되어 다가왔을 뿐이었다.

인생은 순환이다. 나는 결혼을 하며 우리 엄마를 더욱 이해하게 되고, 우리 엄마를 따라 하기도 하며, 때론 '엄마의 이러이러한 점 때문에 아빠가 힘들었던 것 같으니까 나는 우리 남편한테 그러지 말아야지'라는 다소 발칙한 다짐을 하기도 한다. 아빠도 마찬가지다. 나는 예전에는 정말 이해할 수 없는 아빠의 선택이 하나 있었는데, 아빠와 똑같은 직업을 공유한 남편을 바로 옆에서 지켜보며, 대화하며, 조금은 뭉클하게 이해가 되는 부분이 있다. 그리고 또 때론, '아빠의 어떠어떠한 점 때문에 엄마가 힘들어했는데, 우리 남편은 안 그래서 다행이다'라는 발칙한 생각을 또다시 하기도 한다.

학교라는 공간에 몸담고 있는 나를 돌아보았다. 이 또한 순환이었다.

학생이라는 신분으로 초등학교를 거쳐 고등학교까지 총 12년을 학교에서 보냈고, 대학생이 되어서는 학생이라는 신분에 '성인'이라는 신분이 더해진 채로 4년을 보냈다. 그렇게 도합 16년의 학교생활이 끝나고 내가 도착한 곳은 또다시 학교였다. 학생이 아닌 교사의 신분으로 내디딘 학교는 겉모습은 크게 다르지 않았지만 내가 느끼는 무게감과 책임감은 사뭇 달랐다. 물론 학창 시절에도 학생으로서 느끼는 무게감과 책임감은 늘 있어왔다. 이는 주로 시험에 대한 걱정과 때로는 잘못한 일을 선생님에게 들킬까 봐 걱정하는, 그런 종류의 것이었다. 즉, 학창 시절 느낀 무게감이란 온통 '나 자신'과 관련된 것이었다. 그런데 교사라는 직함을 달고 들어온 학교에서 느끼는 감정은 온통 '너희들'이었다. 학교에서 교사인 내가 말하고 행동하는 모든 것은 '너희들'을 위한 것이었다. 내가 누군가에게 쓴소리를 한다면 그것은 정말 그 아이를 위한 것이었고, 내가 어제 나간 진도를 조금 지겹더라도 또다시 반복해서 복습시키고 있다면 그것은 우리 반 아이들의 이해도를 고려한, 또다시 '너희들'을 위한 것이었다.

나는 학생들을 지도하며 분명 올해 처음 보는 학생에, 처음 겪는 상황임에도 그다지 새롭지 않음을 느낀다. 아마 16년간의 학교생활 중 어느 한순간은 내가 이 학생의 상황이었거나, 혹은 나의 친한 친구가 이 학생의 상황이었을지도 모르겠다. 그렇게 생각하면 이 학생이 마주한 문제 상황의 이면에 대해 조금이라도 더 다각도로 생각해 보게 된다. 사춘기 시절 방황하던 나, 우리들을 떠올려보며, 논리와 이성으로만 접근하려던 '교사인 나'를 한 발짝 물러서게 하고 그 학생의 입장을 한 번이라도 더 생각해 보게 한다.

나는 그렇게 순환하는 인생의 연결고리를 감사하게 생각하며 이를 적극적으로 받아들인다. 지금 내가 가르치는 학생들 중 누군가는 또 이 배턴을 넘겨받아 학교에서의 연결고리를 이어 가겠지. 훗날 예비 교사, 초임 교사로 힘들고 갈피를 잡지 못하고 있는 후배 선생님들에게, 순환하는 학교에서의 삶의 한 부분으로서 바람직한 버전의 교사상으로 기억되고 도움을 주고 싶은 것이 나의 욕심이다.

앞서 언급한 조유나의 책 중 또 다른 한 구절이 떠오른다.

> 삶은 일단 살아 보고 나서야 반추되는 것이다. 나도 훗날 내 삶을 돌이켜보며 걸어온 이 길이 또 걷고 싶은 길이라고 회상하고 싶다. (중략) '만약에 결혼하지 않았다면' 등의 갈림길을 과감히 지우고 내가 선택한 이 길을 온 마음 다해 걸어가야지. 마치 우리 부모님이 그러셨듯 말이다. 이제 우리의 길을 잘 만들어 가라고 그 배턴을 넘겨받았다.
>
> – 조유나, 『세상에 없던, 꼭 필요한 결혼 준비』中

먼 훗날 나의 삶을 다 살아보고 뒤를 돌아보았을 때, 내가 선택한 이 교직의 길이 나에게 멋진 선택이었음을, 또 걷고 싶은 길임을 회상하고 싶다. '만약에 결혼하지 않았다면'과 마찬가지로 '만약에 교사가 되지 않았다면'이라는 갈림길을 과감히 지우고 내가 선택한 이 길을 온 마음 다해 걸어가, 나 역시 미래에 후배 선생님들에게 그 배턴을 멋지게 넘겨주어야겠다.

내재적 동기가 이끄는 삶

영어교육론 수업 시간에 intrinsic motivation(내재적 동기)와 extrinsic motivation(외재적 동기)에 대한 주제로 토의를 하였다. 토의 직전에 교수님께서 우리에게 다음과 같은 질문을 하셨다. "지금 혹시 intrinsic motivation으로 대학원 공부하고 계신 분? 정말 이 분야, 학문 자체에 대한 호기심과 배움에 대한 순수한 내재적 동기로 대학원 공부하고 계신 분?"

교수님의 물음에 선생님 한 분을 제외하고는 아무도 손을 들지 않았다. 그런데 이후 주어진 토의 시간에 같은 토의 조로 묶인 선생님들과 이야기를 하다 보니, 결과적으로 나를 포함한 우리 팀 선생님들은 모두 사실은 내재적 동기가 90% 이상인 사람들이었다는 아주 기특한 사실을 깨닫게 되었다. 교수님이 물어보셨을 때는 모두 쑥스러워서 손을 못 들었다고 조용히 웃으며 이야기 나누었다.

중학교 선생님들과 초등 교사인 나, 이렇게 셋이서 한 팀이었는데, 중학교 선생님께서 먼저 대학원 공부를 결심한 이야기를 말씀해 주셨다. "학부 시절, 그리고 임용고시 공부를 하던 때까지만 해도 영어가 익숙했고 머리가 잘 돌아갔던 것 같아요. 그런데 발령받은 이후 중학교 영어 교과서만 보다 보니 영어 실력이 은근 녹스는 것 같더라고요. 그리고 하루의 절반 이상을 중학생들이랑만 부대끼며 살다 보니 정신연령도 중학생으로 맞춰지는 것 같은 느낌적인 느낌도 조금 있고요." 잔잔한 미소를 지으며 약간은 개구지게 말씀하시는 선생님의 마음에 다들 웃으며 공감할 수밖에 없었다. "어휴 그러게요. 정말, 요즘 학생들 말로 하자면, 어쩔티비예요. 하하하." 다들 가볍게 그리고 또 진지하게, 교직 생활을 하며 느끼는 지적 매너리즘에 공감하며 공부를 통해 진정으로 나를 발전시키고자 하는 내재적 동기를 공유했다.

 나 역시 내재적 동기에 이끌려 영어교육학 석사 과정을 시작했다. 나는 교육대학교에서 영어교육과를 나왔지만, 사실 교대라는 곳의 시스템 자체가 졸업생 모두에게 '초등교육학' 학사 학위를 주는 곳이다. 하지만 교대 시절 내내 교대생들은 "나 초등교육과야"라고 하지 않고 "나 영어교육과야"와 같이 본인의 세부적인 전공을 말한다. 그래서 사실 나는 내가 '초등교육학' 학사라는 것을 졸업장을 받고 처음 알았다. 졸업장에는 '초등교육학 학사(영어교육 심화전공)'으로 인쇄되어 나온다.

 나는 교대 영어교육 심화전공자이긴 하지만, 4년이라는 주어진 시간 동안 국어, 영어, 수학, 사회, 과학, 음악, 미술, 체육, 실과(생활 과학), 도덕 모든 과목에 대한 'OO교육론'(국어교육론, 수학교육론과 같은 모든 교과교육론)을 골고루 들어야 졸업을 할 수 있었다. 물론 영어교육 심화전공이라 영어교육학에 대해서 다른 과 학생들에 비해서는 추가적인 심화 과목을 매 학기마다 듣긴 했으나, 그럼에도 불구하고 4년간 순수 영어교육학의 전문가가 되도록 설계된 사범대 영어교육학 공부량에는 미치지 못한다는 점을 인지하고 있었다. 초등 교사로서 전 교과에 대한 폭넓은 전문성을 가져야 한다는 점에선 최적화된 교대 커리큘럼을 거쳤지만, 내가 특히 전문성을 쌓고 싶은 영어교육 분야에서는 교대에서 배운 영어교육론만으로는 부족하다는 점을 인지한 지 꽤 되었다. 그래서 대학원에서 영어교육을 전공하며 내가 학부 시절 많이 부족했다고 생각하는 영어교육의 면면을 속속들이 공부해 보자는 마음이 컸다.

 물론 외재적 동기도 있다. 사회적으로 더욱 인정을 받는 무언갈 이루기 위해서 학위가 한 단계 더 있다는 것은 여러모로 '좋은 무기'가 됨은 자명하다. 『타이탄의 도구들』(팀 페리스)에서 말하는 '타이탄의 도구'를 하나 더 모으는 셈이기도 하고, 『아비투스』(도리스 마르틴)에서 말하는 '지식 자본'을 한 단계 더 업그레이드한다는 관점으로 보아도 꽤나 매력적인 외재적 동기이다.

> 최고의 졸업장, 선망의 인턴십, 유망한 교육을 겨냥하라.
> 첫째, 노력이 더해질수록 전문성과 실용성이 높아진다.
> 둘째, 학교 졸업장이나 교육기관 수료증은 당신을 빛나게 한다.
> 셋째, 졸업장과 학위는 위기 시대에도 건재하는 자본이다.
> – 도리스 마르틴, 『아비투스』中

하지만 그러한 외재적 동기를 인정하는 동시에 우리가 서로 대화하며 깨달은 우리의 공부 행위 본질은 결국 배움 그 자체에 더 가까웠다. 그리고 이런 이야기는 사실 입 밖으로 해보기는 처음이다. 왜냐? 쑥스럽기 때문이다. 괜히 부끄러워서 "내재적 동기로 공부하고 있는 사람 손들어 볼까요?"라는 교수님의 질문에 당당하게 손들지 못했던 우리가 새삼 귀엽게 느껴졌다. 배움에 대한 순수한 열정을 지닌 선생님들을 만나게 되어 너무나 반가웠던 날이었고, 과제에 파묻혀 스멀스멀 떠오르는 '조금 대충 해도 되지 않을까?'라는 생각을 다시금 쏙 들어가게 해 준 의미 있는 토의였다.

> 직업학교든 대학에서든 벼락치기로 공부하지 마라. 사회, 문화, 학문의 지평을 넓히는 기회를 놓치지 마라. (중략) "그걸 해서 뭐 하

게? 그게 돈이 돼?" 이런 질문에 방해받지 않고 위로 도약하려면 의식적인 노력이 필요하다.

— 도리스 마르틴, 『아비투스』 中

하물며 지식과 배움을 하나의 '자본'으로, 즉 영락없는 외재적 동기에 기인한 도구로 여기는 『아비투스』에서도 벼락치기로 공부하지 말 것이며 진심을 담은 공부를 하라고 하는 마당에, 내재적 동기로서의 배움이 좋다는 사람이 공부를 대충 해서야 되겠는가. 앞으로도 이 마음을 잃지 않도록 지속적으로 공부의 의미를 되새기고, 내재적 동기가 이끄는 삶을 살고 있는 여러 선생님들을 찾아 네트워킹하고 싶다.

가장 한국적인 꿈

잊을만하면 한 번씩 꾸는 꿈이 있다. 시험이 당장 며칠 안 남았는데 시험 범위 공부가 하나도 안 되어 있는 거다. 그렇게 밀려오는 불안감과 자괴감에 몸서리친다. 이 꿈을 꾸고 일어나면 늘 생각한다. 익숙하다고. 예전에도 꾼 적 있다고. 신기하게도 나는 이와 비슷한 패턴의 꿈을 정확한 빈도는 잘 모르겠으나 적어도 1년에 두세 번은 꼭 꾸는 것 같다.

꿈해몽 검색도 해볼 때마다 새삼 매번 똑같이 생각한다. '아 맞다, 이거 예전에도 똑같이 검색해 봤었지.' 대충 '불안감', '스트레스' 이런 키워드로 나오는 해몽이다. 1년에 두세 번 불안하지 않은 사람은 없으니 나의 정신 상태는 지극히 평범하리라 생각한다. 이런 꿈을 성인이 되고서도 10년 넘게 지속적으로 꾼다고 해서 내가 정신적으로 무슨 문제가 있다거나 심각한 트라우마를 갖고 있는 사람은 아닐 것이다.

명절에 친정 식구들과 둘러앉아 차를 마시며 수다를 떨다가 문득 꿈 생각이 나서 내가 꾸는 비슷한 유형의 시험 꿈에 대해 이야기했다. 그런데 내 말을 듣던 엄마가 눈을 동그랗게 뜨며 말했다.

"정말? 나도 그런 꿈을 꾸는데? 자주는 아니고 어쩌다 한 번씩. 시험 보는데 하나도 모르겠는 꿈."

"환갑이 넘은 지금도?"

"응."

옆에서 듣고 있던 남편도 이야기한다.

"사실 저도요. 저는 시작은 늘 중고등학교로 시작했다가, 시험지를 받아 들면 대학교 때 제일 무서웠던 교수님의 시험지고, 그리고 하나도 모르겠어요. 그 꿈을 반복해서 꿔요."

가만히 듣고 있던 아빠도 이야기한다.

"나도. 나는 시험 중에 시간이 얼마 안 남았는데 아직 문제를 절반도 못 푼 상황. 근데 하도 반복적으로 꾼 꿈이다 보니까 꿈에서도 이게 꿈이란 걸 알아. 그래서 '꿈이니까 괜찮아.'라고 생각하지."

"아빠도 그렇구나. 근데 나도 하도 많이 꾸다 보니까 어떨 때는 이게 꿈이라는 걸 인식하기도 해. 그런데 나는 아빠처럼 '꿈이니까 괜찮아.'가 아니라, '반복해서 겪는 장면인데도 내가 이걸 아직도 못하고 있다고?'라는 생각이 들면서 자괴감 가득해지더라고."

아니 어떻게 일가족이 모두 평생을 시험 트라우마를 안고 살아가고 있었다니 고것 참 신기한 노릇이었다. 문득 궁금해졌다. 정말 우리 가족만 이럴까? 우리 가족이 유독 시험 트라우마가 강한 가족일까? 아니었다. 이후 호기심에 주변 사람들에게 이런 종류의 꿈에 대해 이야기할 때면 늘 크나큰 공감을 받았다. 너도나도 "어머 나도 그런 꿈꿔. 나는 수능 다시 보는 꿈", "나도 나도, 나는 시험지가 백지인 꿈" 등 다양했다. 그리고 어느 날은 친구가 한 독립영화의 소개 글을 보여주기도 했다. 이 영화 만든 감독도 비슷한 꿈 꾸는 사람인 것 같다며.

> 매번 꾸는 꿈이 있다. 공부한 게 없는데 수능을 쳐야 하고, 면허가 없는데 운전을 해야만 하는 꿈이다. 나를 무섭게 하는 그것들을 보란 듯이 들이받고 싶었다.
> 　　　　　　　　　　　　　　　－「수능을 치려면」 연출 의도 中

반복적으로 꾸는 시험 꿈이 나 혼자만의 것이 아니라 주변의 많은 사람들이 함께 공유하고 있다는 사실에 놀랍고 소름이 돋았다. 그리고 동시에 이상하게도 안도감이 들었다. 내가 지나치게 불안도가 높다거나 정신적으로 문제가 있는 게 아니고, 그저 우리나라의 획일적인 교육 방식과 시험 방식이 낳은 보통의 꿈을 꾸고 있을 뿐이었으니 말이다.

'가장 한국적인 것'에 대해 생각해 본다. 한복, 김치, 사물놀이, 그리고 요즘은 K-pop을 손꼽기도 한다. 그런데 많은 한국인의 꿈속을 지배하고 있을 정도로 진정으로 한국인의 정신을 지배하고 있는 가장 한국적인 것은 어쩌면 우리네 교육과 학구열이 아닐까 한다. 결코 그것이 옳다 혹은 그르다를 따지는 것이 아니다. 교육제도의 모순, '교육'이라고 쓰고 '경쟁'으로 실행되는 행태나 다소 폭력적으로 비추어질 수도 있는 지나친 학구열 등 우리의 교육은 하나하나 짚고 넘어가야 할, 풀어 나가야 할 화두가 너무나 많다. 하지만 그러한 부정적인 요소를 잠시 걷어내고 생각해 보더라도 새삼 우리 한국인들에게 '교육'과 '학교'라는 틀 안에서 일어나는 모든 활동은 생각보다 더욱 크게 우리의 정신을 지배하고 있다. 그리고 우리 모두 어느 정도는 이를 인정하고 수긍하며 살아간다는 점에 주목해 보고 싶다. 그만큼 학교라는 공간에서 교육을 담당하는 교사는 그 의무와 책임감이 어마어마한 것이다.

가장 한국적인 꿈에서 비롯된 가장 한국적인 키워드를 나는 '교육'으로 결론지었다. 그리고 그 안에 몸담고 있는 나의 업에 대해 다시 한 번 생각해 보았다. 시대의 요구에 따라 교육과정은 끊임없이 수정되고 있지만, 여전히 네모난 교실에서 네모난 책상에 앉아 네모난 교과서에 필기를 해가며 결과적으로 모두가 수능과 경쟁이라는 두 가지 큰 줄기로 귀결되는 우리네 교육 환경이 한순간에 변할 수는 없는 노릇이다. 하지만 그럼에도 불구하고 우리의 머릿속에서, 우리의 꿈속에서 학교라는 공간이 단순히 시험을 치는 공간이 아닌, 조금이라도 더 즐겁고 신나는 곳으로 기억될 수 있도록 하는 것이 한 교실을 책임지는 교사의 바람이자 소명이 아닐까 생각한다.

류지훈
교육대학원
간호교육 석사과정

내일도,
같은 자리에서

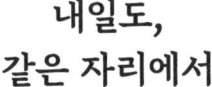

1장
들어가며: '선생님'이라 불리는 자리에서

나는 교실 앞에 서 있는 교사는 아니지만, 일하는 곳에서, 또 아이들과 함께하는 시간 속에서 '선생님'이라는 호칭으로 불리고 있다. 나는 간호학과를 졸업하고 상급종합병원에서 간호사로 일하며, 환자와 보호자 그리고 함께 일하는 동료들에게 '선생님'이라 불린다. 이 호칭은 단순히 직업을 부르는 말이 아니라, 누군가에게 믿음을 주고 기대어도 된다는 의미로 느껴질 때가 많다. 3교대로 근무하면서 수요일이나 일요일에 쉬는 날이면 아동보호 치료 시설로 향한다. 이곳에서는 소년법상 '6호 처분'을 받은 아이들과 함께하며 '전례부 선생님'으로 살아간다. 신앙 안에서 아이들과 예식을 준비하고, 조용히 마음을 나누는 시간을 함께하며, 나는 또 다른 방식의 '가르침'을 배우고 있다.

어느새 익숙해진 이 호칭 속에는 생각보다 많은 마음이 담겨 있다. '선생님'이라는 이름을 들을 때마다 나는 어떤 마음으로 이 자리에 있어야 했는지, 또 이 자리를 지키기 위해 어떤 다짐을 해왔는지를 돌아보게 된다. 이런 마음들이 날마다 쌓이고 스며들어 지금의 나를 만들었다. 그리고 이 이름을 지닌 사람으로서 앞으로 어떤 마음으로 살아가야 할지를 계속 고민하게 된다.

이 이야기는 그런 나의 작은 기록이다. 완벽하지도, 특별하지도 않은 한 사람으로서 '선생님'이라는 이름 아래에서 만난 사람들과 나눈 감정, 그 안에서 배운 사랑과 책임, 기다림의 시간을 이야기해 보고 싶었다.

'선생님'이라는 이름으로 살아가는 한 사람의 행복이자 낭만이라고 생각하며, 너무 무겁지 않게 가벼운 마음으로 읽는 글이기를 바란다.

2장
기다림, 누군가를 가르치며 내가 배운 가장 중요한 마음

누군가를 기다린다는 건 결코 쉬운 일이 아니다. 단지 시간을 보내는 것을 넘어서 누군가를 믿고 지켜보는 일이기 때문이다. 기다림은 어떤 경우에는 무력함처럼 느껴지기도 하고, 때로는 불안함을 참아내는 인내처럼 느껴지기도 한다. 그럼에도 불구하고 마음이 먼저 움직이면 기다림은 전혀 다른 결로 다가온다.

우리는 살아가며 그런 기억을 하나쯤은 가지고 있다. 하교하는 길 혹은 퇴근하는 길에 기다리는 버스가 제때 도착하지 않으면 금세 짜증이 나기도 하지만, 사랑하는 사람이 먼 길을 오고 있다면 그 사람을 일찍 만나기 위해 30분 더 먼저 기차역에 나가 서성이며 기다린다. 시간이라는 시곗바늘의 간격보다, 마음속 여유와 애정의 농도가 기다림을 견디는 힘이 된다는 걸 그때 우리는 배우는 것이다. 이렇게 누군가를 향한 마음이 매우 여유롭다면, 그 기다림은 조바심보다는 설렘에 가까워진다.

그래서 나는 '기다림'이라는 건 결국 마음의 문제라고 생각한다. 기다림을 감당할 수 있는 사람은 상대를 향해 열린 마음을 가진 사람이다. 그리고 이 기다림 속에는 믿음이 깃들어 있다. 언젠가 올 거라는 믿음, 언젠가는 알아줄 거라는 믿음, 그리고 결국은 함께할 수 있으리라는 믿음 말이다. 병원에서 후배 간호사들을 가르치며, 또 아동보호 치료 시설에서 청소년들에게 수학을 가르치며 이 기다림이 얼마나 중요한지를 수없이 느꼈다. 후배가 실수를 되풀이하며 눈치를 볼 때, 아이들이 공식을 이해하지 못해 몇 번이고 같은 질문을 반복할 때, 내 마음속 여유가 얼마나 남아 있는지를 확인하게 된다.

마음속 여유는 설렘만이 아닌, 이해와 인정으로도 연결되어 '괜찮다'는 말로 포용된다. 그러나 조급함이 찾아오면, 어느새 여유는 사라지고 정제되지 않은 말과 표정이 흘러나오곤 한다. 마치 내가 정한 속도를 상대에게 들이밀며, 왜 아직도 여기까지 오지 못했느냐는 식의 날카로운 언어들이 튀어나온다. 상대방을 기다린다는 건 그 사람이 자신의 속도로 자라나기를 믿어주는 일이다. 당장 이해하지 못해도, 지금은 느리더라도, 결국 도달할 거라는 믿음으로 옆에 머무는 일이다. 내가 '선생님'으로 가르치는 처지에서 배운 가장 중요한 마음은 다름 아닌 바로 '기다림의 힘'이었다.

병원에서는 신규 간호사에게 '프리셉터(Preceptor)'라고 불리는 선배 간호사가 1:1로 배정되어 실무를 지도하고, 병동에 적응할 수 있도록 전반적인 교육과 정서적인 지지를 제공한다. 이처럼 교육을 받는 신규 간호사는 '프리셉티(Preceptee)'라고 불리며, 일정 기간 프리셉터의 지도를 받으며 병원 생활을 시작하게 된다. 현재 일하고 있는 병원에서는 한 명의 후배에게 여러 명의 선배가 배정된다. 연차가 다른 선배 간호사들이 서로 역할을 나누어 다양한 부분을 가르치는 방식이다. 이 구조 안에서 나 혼자 교육을 맡는 것이 아니기에, 내가 무엇을 어떻게 가르쳤는지, 후배가 어떤 부분에서 어려움을 겪는지를 동료들에게 설명하고 공유하는 일이 잦다.

그 와중에 중증도가 높은 환자들로 병동은 늘 분주하다. 밥을 제대로 먹지 못하는 날은 기본이고, 어떤 날은 물 한 잔 마실 틈도 없이 하루가 흘러간다. 그런 환경에서 '잘 가르쳐야 한다'는 책임감과 '모든 일을 완벽히 해내야 한다'는 압박은 때때로 마음을 조급하게 만든다. 그리고 조급함은 아직 미숙한 후배 앞에서 날카로운 말과 짧은 숨으로 드러나곤 한다. 하지만 이런 순간들이야말로 가장 조심해야 할 때라는 걸, 수없이 경험해 왔다. 더 잘하려고 노력하는 마음이 상처를 받고, 예상하지 못한 반응에 사로잡힌 후배는 결국 그날 배워야 할 것들을 놓쳐버린다. 병원이라는 특수한 공간은 긴장감과 실수 없는 태도를 요구한다. 그러나 실수 앞에서 날 선 말과 감정적 반응이 반복되면 후배는 무엇을 어떻게 고쳐야 할지조차 알기 어려워진다. 배움은 그렇게 막히고 만다.

지금까지 말한 것들은 어쩌면 너무 교과서적인 이야기처럼 들릴지도 모른다. 누군가를 기다리는 방법을 몰라서 못 하는 사람은 없다. 또, 기다림은 타고난 성격이나 능력의 차이로 생기는 일이 아니라고 생각한다. 누구나 할 수 있지만, 모두가 항상 해낼 수 있는 건 아니기 때문이다. 사실은, 기다림이 필요한 걸 알면서도 실천하지 못하는 건 '나에게 여유가 없기 때문일지 모른다. 혹은, 여유가 있다고 하더라도 반복되는 실수 앞에서 바닥나버린 인내심이 상대를 받아들이지 못하기 때문이 아닐까? 그렇다면, 가르치는 상황에서 우리는 어떤 마음을 가져야 할까? 사실 나도 정답을 가지고 있지는 않다. 그저 나는 특별히 뛰어난 교수자였던 적도 없고, 그렇기에 정답도 가지고 있지 않다. 그저 조금 더 잘 가르치고 싶어서 끊임없이 고민해 온 한 사람일 뿐이다. 그래서 지금부터는 내가 어떤 친구들을 가르쳤고, 이런 고민 끝에 잘 기다리기 위해서 어떤 노력을 했는지 풀어보려 한다.

내가 교육을 맡았던 한 후배는, 일을 배우는 내내 모든 행동을 하나하나 프리셉터들에게 확인받고 또 확인받았다. 일의 흐름이나 본인의 생각보다는 그날 교육을 맡은 프리셉터의 태도와 말투, 표정에 초점이 맞춰져 있었다. 실수로 인해 프리셉터 선생님이 실망할까 봐 걱정했고, 이미 한 번 배운 걸 또 틀려서 혼날까 봐 두려워했다. 무엇보다 '잘하고 싶다'라는 마음이 너무 커서, 오히려 본인에게 집중하기보다 프리셉터의 눈치를 보며 마음이 바빠 보였다. 프리셉터가 누구냐에 따라 긴장감의 강도만 다를 뿐, 일 자체보다는 관계에 더 많은 에너지를 쓰고 있었다. 잘하고 싶은 마음이 오히려 본인의 배움에 방해가 되는 안타까운 순간이 많았다. '눈치를 보는 그 마음이 조금만 자신을 향할 수 있다면, 실수 속에서도 더 많은 걸 스스로 깨달을 수 있었을 텐데' 그런 생각이 자꾸 들었다.

그렇게 마음이 바쁜 후배를 보면서, 나는 가르치는 사람으로서 이 친구에게 어떻게 하면 조금이라도 더 '여유'를 줄 수 있을지 계속 고민하였다. 그러면서 자연스럽게 '내가 배우는 처지에 있을 때 어떤 선생님을 좋아했고, 왜 그들을 따라 하고 싶었는가?'를 떠올렸다. 돌이켜보면,

손도 느리고, 생각도 느렸던 나에게 가장 따뜻하게 다가왔던 사람은 바로 '기다려주는 선생님'이었다. 실수해도 다그치지 않고 스스로 답을 찾을 때까지 묵묵히 지켜봐 주던 사람. 답을 찾지 못하면 함께 고민해 주던 사람. 그들이 있었기에 미숙하고 힘들었던 그 시절을 견딜 수 있었고, 조금씩 나아질 수 있었다.

하지만 말처럼 쉬운 일은 아니었다. 있는 그대로 누군가를 믿고 기다리는 건 많은 인내를 요구했고, 빠르게 움직이고 싶어 하는 나의 성격과도 자주 부딪혔다. 그럼에도, 프리셉티인 후배와 함께 일하면서 알게 됐다. 내가 동동거리면 그 친구도 동동거리고, 내가 안정적으로 일하면 그 친구도 자연스럽게 차분해진다는 것을. 그래서 업무에 조금씩 적응해 나갈 무렵부터는 가능한 많은 일을 믿고 맡기기 시작했다. '내가 아무 말도 하지 않는 건 아주 잘하고 있다는 뜻'이라고 일러주며 옆에서 조용히 지켜봤다. 또한, '스스로 해보는 경험이 실력을 만든다'는 것도 알려주고, 앞으로 내가 개입하는 영역이 점점 줄어들 거라는 것도 미리 이야기했다. 그렇게 몇 날 며칠이 지나고 나니, 그 친구는 어느새 혼자서 여러 업무를 해내기 시작했고, 자신감을 얻은 뒤에는 그동안 두려워하던 일도 먼저 해보겠다며 나서는 모습을 보여주었다.

다른 선배와 동기들의 말만 들었을 땐, 도대체 어디서부터 어떻게 가르쳐야 할지 막막했던 친구였다. 하지만 그 친구를 믿고 기다려주는 그 시간 속에서, 나 역시 '어떻게 가르쳐야 할까?'라는 물음에 나만의 답을 조금씩 찾아갈 수 있었다. 처음에는 '한 사람 몫을 해내는 멋진 간호사로 만들어야지'라는 작은 욕심도 있었다. 그런데 안타깝게도, 예상치 못한 개인 사정으로 인해 끝내 그 친구가 독립하여 일하는 모습까지 보지는 못했다. 매우 아쉬웠고, 그 순간에 그 친구의 곁을 더 단단

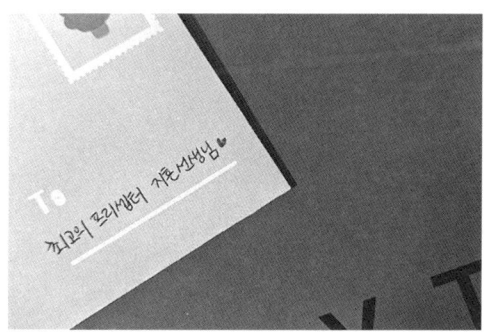
후배가 건넨 작은 선물과 장문의 편지

히 지켜주지 못했다는 생각에 한동안 마음이 무거웠다. 하지만 그 친구가 병동을 떠나며 건넨 작은 선물과 장문의 편지 안에는 나와 함께한 시간이 절대 헛된 것이 아니었다는 진심이 담겨 있었다. 그 속에서 비로소 그 시간을 받아들일 수 있었다. 그것은 단지 한 명을 가르쳤던 시간이 아니라, 나 또한 성장하기 위해 거쳐야 했던, 그리고 앞으로 나아가는 데 필요한 시간이었다. 이 경험을 통해 알게 되었다. 누군가를 가르치는 일에서 가장 중요한 건, 가르치는 '화려한 기술'보다는 기다릴 줄 아는 '마음'이며, 그 사람을 끝까지 믿어주는 '태도'라는 것. 그런 것들을 조금씩 배워가고 있었다.

이 마음은, 이른바 '프리셉티' 기간을 지나 독립하게 된 후배들을 대할 때도 마찬가지다. 그 시기 가장 어렵고 긴장되는 순간은 다름 아닌 인계 시간이다. 선배 간호사들에게 업무를 넘기며 하루의 일과를 정리하는 이 짧은 순간에, 신규 간호사들은 말 그대로 '떨림의 정점'을 경험한다. 선배들의 눈빛은 매서웠고 빠뜨린 건 없는지 매 순간 예리하게 살핀다. 아직 일의 흐름이 익숙지 않은 후배들은 중요한 정보와 중요하지 않은 정보를 구분하지 못한 채 우왕좌왕하고, 결국 전달해야 할 말들을 빼먹기 일쑤다. 긴장한 나머지 사소한 내용은 길게 말하고 정말 중요한 내용을 빠뜨리는 일도 많다. 그러다 보면 하루걸러 하루 혼나게 되고, 확인해야 할 일들이 계속 쌓이며 퇴근 시간도 자연스레 늦어진다. 혼나면 혼날수록 더 위축됐고 실수는 더 잦아진다. "죄송합니다"라는 말만 하루에도 몇 번씩 반복된다.

    4년 차 이상의 간호사가 되면 병동과 환자의 흐름이 어느 정도 보이기 시작하고, 웬만한 상황에서는 일이 크게 늦어지지 않는다. 일하는 시간은 매번 바쁘게 돌아가지만, 후배의 실수가 눈에 보이면 짜증이 먼저 올라오는 것도 사실이다. 한숨이 나오고, 답답한 마음이 들기도 했다. 그런데 이제 막 첫발을 내디딘 초임자에게는 그런 한마디, 짧은 눈빛, 작은 반응조차도 큰 자극이 될 수 있다는 걸 과거의 경험을 통해 누구보다 잘 알고 있었기에 더 조심해야 했다. 아직 배우는 중이라는 걸 잊지 않기 위해 노력했다. 모르는 것을 마주했을 때 "이걸 아직도 몰라?"가 아니라 "아직 배우지 않은 걸 수도 있다."라는 시선으로 바라보려고 계속 노력했다. 설명이 필요한 부분은 천천히 다시 풀어주고, 수정이 필요한 업무는 끝까지 확인하며 함께 마무리해 주는 것도 선배 간호사의 역할이라 생각했다.

    그렇게 함께 시간을 보내다 보면, 후배들도 서서히 변해갔다. 같은 실수를 반복하지 않기 위해 노력했고, 점점 자신의 몫을 해내는 간호사로 성장해 갔다. 처음 맡은 업무는 버거워 보일 때도 있었지만, 이전의 작은 성취가 쌓이며 어느새 업무를 성실히 해결할 수 있었고 조금씩 자신감도 쌓아갔다. 이런 모습은 단순히 시간이 흘러서 만들어진 결과가 아니었다. 그들이 가진 잠재력과 그 잠재력을 믿고 기다려준 시간이 만들어낸 결실이었다. 같이 퇴근할 수 있는 날이 늘어갈수록 "오늘은 진짜 뿌듯해요!"라고 말하던 후배, 응급환자로 바빠 보이는 나에게 "저도 도울게요! 도울 거 있으면 말씀해 주세요!"라며 먼저 손을 내밀던 후배를 보며 알 수 있었다. 내가 보여준 반응이 그들의 마음을 닫게 하지 않았음을, 그 마음들이 여전히 내 곁에 머물러 있음을 느낄 수 있었다.

물론, 여전히 누군가를 온전히 기다리는 일이 쉽지 않다. 때로는 내 마음의 여유가 금세 바닥나기도 하고, 조급함이 말보다 먼저 튀어나올 때도 있다. 그럼에도, 기다림이란 단순히 시간을 흘려보내는 일이 아니라, 그 사람의 가능성을 믿는 일이라는 걸 이제 조금은 알 것 같다. 나를 통해 배우는 누군가가 자신의 속도로 조금씩 나아가는 걸 바라보는 일, 그 속도를 존중하며 곁에서 함께 숨을 고르는 일—그것이 내가 '선생님'이라 불리는 자리에서 지켜가고 싶은 마음의 자세다.

돌아보면, 기다림은 그 자체로 하나의 가르침이었다. 내가 누군가를 가르친다고 생각했던 순간에도, 결국 가장 많이 배우고 있었던 건 나 자신이었다. 이제, 그 기다림의 시간이 남긴 온기를 품고 다음 이야기를 꺼내보려 한다. '선생님'이라는 이름 아래서 내가 느낀 또 다른 마음의 결들을.

3장
사랑, 아프지만 따뜻했던 순간들

○ **가르침의 마음, 사랑에서 시작되다.**
누군가에게 지식을 전하고, 내가 걸어온 길을 나누는 일은 단순히 정보를 전달하는 것을 넘어서, 내가 나의 일을 얼마나 사랑하는지를 보여주는 행위이기도 하다. 그리고 그만큼, 가르치고자 하는 사람에 대한 애정이 있어야 가능한 일이기도 하다. 진심 없는 말은 쉽게 흘러가지만, 애정이 담긴 가르침은 오래 남는다. 그것은 단지 말의 무게가 아니라, 마음의 방향에서 비롯된 것이기 때문이다.

돌이켜보면, 내가 했던 많은 가르침 속에는 늘 그런 마음이 있었다. 내가 겪었던 시행착오를 그들은 조금이라도 덜 겪었으면 하는 바람. 내가 넘어진 그 돌부리에, 그들도 언젠가 걸려 넘어진다면 조금 덜 아팠으면 하는 마음. 그리고 그 경험들을 바탕으로 더 단단하고 넓은 길을 걸어가길 바라는 소망. 어쩌면 그게 바로 '선생님'이라는 이름을 지닌 사람들이 가장 자연스럽게 품게 되는 마음이 아닐까 싶다. 이런 마음은 말로 굳이 표현하지 않아도 전해지는 법이다. 마음과, 눈빛과, 태도는 말보다 늘 먼저 닿는다는 걸 여러 순간을 통해서 느낄 수 있었다. 아이들이 본능적으로 자신을 좋아하는 사람을 알아보고 그에게 달려가듯, 가르침을 받는 이들도 내가 그들을 진심으로 아끼고 있다는 걸 금세 알아차렸다. 머리로 배우는 건 시간이 걸려도, 마음으로 느끼는 건 순식간이었다. 그래서 나는 점점 더, 가르침이란 단순한 지식 전달이 아니라는 걸 배워갔다. 지식을 나누는 사람이 되기 전에 마음을 나누는 사람이 되어야 한다는 것을, 마음을 열지 않고는 어떤 배움도 깊어질 수 없다는 걸 경험으로 배워나갔다.

그러므로 내가 했던 가르침들은—병원에서 신규 간호사를 교육하던 순간들이나, 보호시설에서 아이들과 수학 문제를 함께 풀던 그 시간 속에서—모두 결국 '사랑'이라는 마음으로부터 출발한 것이었다. 그건 단지 '잘하게 만드는 일'이 아니라, '함께 머물며 그 길을 걸어주는 일'이었다. 그리고 이 마음이 가장 빛났던 순간들은, 누군가가 가장 밑바닥에 있다고 느꼈던 바로 그때였다. 지쳐 있었던 후배 간호사의 눈빛, 더 이상 공부할 수 없다고 말하던 아이의 목소리, 병의 고통 속에서 지치고 불안해하던 환자들의 곁에 조용히 함께 있었던 그 시간이었다. 그 속에서 나는 '사랑'이란 감정이 얼마나 조용히, 그러나 얼마나 깊게 사람을 일으켜 세울 수 있는지를 배워갔다.

○ 병원에서의 가르침: 기다림으로 전해지는 힘

병원에서 신규 간호사들에게 주어지는 배움의 시간은 그리 길지 않다. 3개월이라는 시간 동안 모든 상황을 겪을 수는 없기 때문이다. 정해진 업무만으로도 벅찬 나날 속에서 예기치 못한 상황이 벌어지면 곁에 있는 선배의 도움 없이는 해결이 어렵다. 그런 순간, 만약 선배가 차갑고 닫힌 사람이라면, 반드시 질문해야 할 타이밍을 놓치고 결국 환자의 상태에 더 큰 영향을 줄 수도 있다. 반대로, 따뜻하게 바라봐주는 선배가 곁에 있다면, 후배는 망설이지 않고 질문하고 실수에 주눅 들기보단 배움에 집중할 수 있다. 업무에 자신 없던 한 친구가 시간이 꽤 지난 어느 날, "선생님 다른 곳으로 가시기 전까진 같이 일할게요."라고 말하며 다른 후배들을 도와주는 모습을 보았고, 1년도 못 채울 것 같다고 걱정하던 친구가 1년을 넘기고 받은 배지를 자랑하던 순간도 있었다. 그 모습들을 보며, '내가 이 친구를 기다려줬던 시간이 헛되지 않았구나', '내 마음이 잘 닿았구나'라는 생각이 마음에 스며들었다. 그렇게 가르치고, 기다리고, 바라보았던 모든 시간이 조용히 의미를 만들어주고 있었다.

○ 보호 치료 시설에서의 가르침: 다시 일어서길 바라는 마음

보호 치료 시설에서 아이들에게 수학을 가르칠 때도 다르지 않았다. 아이들에게 수학은 '지루한 숫자들의 과목', '이미 포기한 과목'으로 여겨지곤 했다. 하지만 검정고시를 준비하거나 대학 진학을 꿈꾸는 아이들에게는 꼭 필요한 과목이었다. 어떻게 하면 수학이 조금이라도 덜 어렵게 느껴질지 고민하며 수업을 준비했다. 검정고시를 목표로 하는 친구들에게는 시험에 나올 법한 꼼수와 문제 접근법을 예시와 함께 알려주었고, 학교 복귀를 준비하는 아이들에게는 기초부터 천천히 흥미를 느낄 수 있도록 격려하고 칭찬하며 수업을 이어갔다. '3 - 5의 값을 구하라'는 문제를 두고 어떤 친구는 그래프를 그려가며 '-2'를 찾아냈고, 또 어떤 친구는 "영희가 사과 3개를 가졌는데 철수가 5개를 빌리면 몇 개가 부족한가?"라는 식의 스토리텔링으로 '2개가 부족하다.'는 답을 떠올렸다. 한 번에 이해하지 못해도 내가 먼저 포기하지 않고 반복해 설명하면, 아이들은 점차 반응했고 스스로 문제를 끝까지 풀어내며 자신감을 쌓아갔다. 어느 날은, 쪽지 시험에서 95점을 받았다며 "선생님이 가르쳐주셔서 가능한 점수였어요!"라고 자랑하는 친구가 있었고, 또 다른 어느 날엔 "이제 수학이 그렇게 어렵게만 느껴지지 않아요. 예전엔 포기했었는데, 지금은 해볼 만한 것 같아요."라며 웃는 친구가 있었다. 그 말을 들으며, 포기하지 않고 관심을 주고, 믿어주고, 몇 번이고 끊임없이 알려주면, 아이들은 결국 그 마음을 알아준다는 걸 다시금 느꼈다.

보호 치료 시설에서 아이들에게 수학을 가르칠 때만 그런 건 아니었다. 수업이 없는 시간에도 아이들은 여전히 '아이들'이었다. 그 순수함과 여린 마음을 고스란히 느낄 수 있는 순간들이 많았다. 일요일이면 아이들과 함께 미사 예식을 진행하며 플루트를 연주하고, 자유시간에는 방 안에 옹기종기 모여 앉아 게임을 하고, 대화를 나누고, 함께 무언가를 만들기도 하고, 음악도 들었다. 그렇게 보내는 모든 시간은 나에게도 편안하고 따뜻한 쉼이 되었다. "선생님, 이건 뭐예요?", "이 노래 알아요?"라고 물으며 다가오는 아이들의 눈빛은 따뜻했다. 짧은 시간밖에 함께하지 않는 선생님이지만, 이야기를 나누고 싶다며 옆에 와 앉는 아이들의 마음은 진심이었다. 퇴소를 앞두고는 꼭 나가서 성실하게 살아보겠다고, 다시는 돌아오지 않겠다고 몇 번이고 다짐하고 약속하는 아이들을 보면서, '이 시간이 결코 헛된 게 아니었구나!'하고 생각했다. 아이들은 자신을 애정 어린 눈으로 바라봐주는 어른이 곁에 있다는 것만으로도 마음을 열었다. 밥을 잘 먹기 시작했고, 말수가 조금씩 늘었다. 처음 입소했을 때 어둡기만 했던 표정도 서서히 밝아졌다. 떠나는 날에는 꼭 다시 놀러 오겠다며 인사를 건넸다. 물론, 현실은 언제나 마냥 따뜻하지만은 않았다. 다시 원래의 환경으로 돌아간 아이 중엔 재범으로 아동보호센터나 소년원으로 입소하는 친구들도 있었고, 예기치 못한 사고로 더는 함께할 수 없게 된 친구도 있었다. 그럴 때면 마음이 무거워졌고, 내가 해줄 수 있는 게 과연 있었던 걸까 자책하기도 했다.

하지만 그럴수록 더욱 선명해지는 생각이 있었다. 이 사회에서 내가 아이들을 위해 해줄 수 있는 최선은 아주 단순하지만 분명한 것이었다. '내가 어떤 상황이든 나를 사람으로, 한 아이로 사랑해 주던 어른이 있었다는 경험' 그리고 '나를 믿어주던 어른이 분명히 있었다는 기억' 그 한 번의 경험과 기억이, 아이들이 다시 흔들릴 때 마음을 붙잡아주는 작은 버팀목이 되어주길 바랄 뿐이었다.

아이들은 센터를 떠난 후에도 생각날 때면 가끔 연락을 해왔다. SNS를 통해 안부를 전해오는 그 짧은 메시지 하나만으로도, 내가 그들에

아이들에게 받은 편지

게 잊히지 않았다는 걸 느낄 수 있었다. 나는 그걸로 충분했다. 잊지 않아 주는 것, 함께한 시간을 기억해 주는 것, 그것만으로 더 바랄 건 없었다. 아이들은 바뀌고 또 바뀌지만, 만나는 모든 아이에게 똑같이 마음을 다해 아껴주고 보듬어주는 것. 그게 내가 '선생님'이라는 이름으로 아이들을 만나는 방식이자, 지켜가고 싶은 사랑의 모양이었다.

이런 작은 꿈이 있었기에, 그곳은 단지 봉사의 장소를 넘어 나에게도 쉼이 되는 공간이었다. 아이들을 가르치고, 함께 웃고, 기다려주는 그 모든 순간이 쌓여 그곳은 어느새 나의 또 다른 집이 되었다. 그래서였을까, 바쁘고 지친 일상에서도 시간이 나면 문득 떠오르고, 발걸음이 향하게 되는 곳. 오랜 시간 동안 머물 수 있는, 앞으로도 계속 가게 될 그곳은, 참 소중한 공간으로 남아 있다.

○ 환자와 함께한 시간: 마지막 곁에서 전해진 사랑

보호시설이 아닌 병원이라는 공간에서 또 다른 형태의 가르침과 동행을 시작했을 때도, 나의 마음은 다르지 않았다. 사랑이라는 마음은, 살아내려는 사람들만을 향한 것이 아니었다. 막 삶을 다시 시작하려 애쓰는 아이들이 있다면, 삶의 끝자락에 다다른 환자들도 있었다. 보호 시설에서 아이들을 만나는 일과 병원에서 환자를 마주하는 일은 어쩌면 정반대의 시간 같아 보일 수도 있지만, 그 안에서 내가 품은 마음은 늘 닮아 있었다. 삶을 포기하지 않도록 옆에서 힘을 주는 일도, 삶을 마무리할 수 있도록 함께 있어 주는 일도, 이 모두 사랑이 없이는 할 수 없는 일이었다. 그래서일까. 병원에서 환자와 마지막 인사를 나누는 순간에도, 나는 '선생님'이라고 불리며, 여전히 '사랑'을 배우고 있었다.

눈앞에서 '죽음'을 처음 마주한 건, 대학교 간호학과에 재학 중이던 시절 응급실 실습에서였다. 실습 기간 내내 생과 사의 경계는 종이 한 장처럼 얇고 위태로워 보였다. 처음엔 슬픔보다 놀람이 더 컸다. 하지만 환자의 사망 소식을 듣고 무너지는 보호자의 울음소리를 들었을 때, 나도 모르게 마음이 무너져 내렸다. 그 순간 이후로 나는 다짐했다. '감정은 드러내지 말자.' 죽음을 대할 때, 내가 할 수 있는 최선은 감정을 숨기는 일이라고 믿었다.

그렇게 간호사로 일하기 시작한 어느 날, 내가 맡은 환자가 멀쩡히 대화를 나누던 중 갑작스럽게 의식을 잃었다. 독립한 지 이제 막 두 달 남짓 된 신규 간호사였던 나는, 무엇을 어떻게 해야 할지 몰라 선배들을 큰 소리로 부르며 우왕좌왕할 수밖에 없었다. 다행히 환자는 금세 의식을 되찾았고, 아무 일도 없었던 것처럼 "선생님, 배고파요. 밥 주세요."라고 웃으며 밥을 먹게 해달라고 했다. 정신없이 지나간 그 순간 뒤에 남은 건, 환자가 살아 있음에 감사하다는 마음뿐이었다. 퇴근길, 병실에 들러 환자에게 "살아주셔서 고맙습니다."라는 말을 몇 번이고 반복했다. 빨개진 눈시울로 서로를 바라보던 기억이 아직도 생생하다.

이후에도 수많은 죽음을 지켜보았다. 회복하지 못한 환자들이 중환자실로 옮겨지는 순간, 보호자들은 어김없이 눈물을 흘렸고, 그 눈물에 나도 같이 울고 싶을 때가 많았다. 하지만 현장은 감정을 허락하지 않았다. 눈물을 삼킨 채, 보호자를 짧게 위로하고 돌아서면 또 산더미 같은 일이 나를 기다리고 있었다.

 여느 때와 같이 감정을 누르며 지내던 중, 유독 보호자의 흐느낌이 마음을 깊이 건드린 날이 있었다. 마침, 그날은 퇴근 후 곧바로 대학원 교육상담 수업이 있었고, 수업 중 직접 내담자의 입장이 되어 상담을 받는 시간이었다. 마음을 말로 꺼내는 과정에서 결국 눈물이 흘러나왔고, 꼭꼭 감춰왔던 내 마음이 생각보다 많이 다쳐 있었음을 그제야 알게 되었다. 그리고 결심했다. 다음에 기회가 된다면, 환자와 보호자에게 꼭 내 마음을 표현해 보겠다고. 며칠 후, 내가 담당하던 한 환자는 간이식 후 회복하지 못한 채 DNR(Do Not Resuscitate, 연명 치료 중단)을 결정하고 죽음을 준비하고 있었다. 의식이 서서히 희미해지던 그 환자 곁에서 나는 처음으로, 그동안 숨겨왔던 진심을 꺼내 놓았다. "그동안 회복하시느라 정말 고생 많으셨어요. 집으로 무사히 퇴원하시는 모습을 보고 싶었는데…. 그러지 못해서 너무 아쉬워요. 이제는 아프지 마시고, 편히 쉬세요." 이 말을 전하고 임종을 준비하는 시간을 함께하며, 알게 되었다. 그동안 나를 힘들게 했던 감정은 전하지 못한 마음들이었음을. 보호자는 나의 말에 고개를 끄덕이며 울음을 터뜨렸고, 장례식장으로 떠나는 길에서 "선생님, 그동안 감사했습니다."라고 연신 인사했다. 보호자의 말과 눈빛을 통해 그렇게 서로의 감정을 나눈 그 순간, 오히려 마음은 조금 덜 무거워졌다.

 그날 이후 다짐했다. 환자와 보호자 앞에서 감정을 억누르는 것이 간호사로서 나의 책임이라고만 생각하지 않기로. 슬픔도, 고마움도, 안타까움도 모두 진심이라면, 그것은 결국 또 하나의 돌봄이라는 것을 그날의 눈물과 말들이 가르쳐주었다.

　이 다짐은 시간이 지나며 더 깊어졌고, 그 마음을 다시 확인하게 된 순간이 찾아왔다. 얼마 전, 오랜 시간 함께했던 한 환자의 마지막 길을 배웅하게 되었다. 간암 치료를 위해 입원하였고, 간이식 수술을 앞두고 폐암 전이가 확인되어 수술 여부를 깊이 고민하던 환자였다. 결국 간이식 수술을 받은 뒤 항암 치료를 이어갔지만 온몸으로 전이된 암 앞에서 끝내 회복하지 못하였다. 늘 조용하고 따뜻한 미소를 짓던 분이었고, 병실에 들를 때마다 "선생님, 늘 고맙습니다."라는 인사를 잊지 않던 분이었다. 치료는 쉽지 않았고, 여러 가지 복잡한 상황들이 겹치며 마음이 무거워지는 날이 많았다. 하지만 그 환자에게서만큼은 늘 의료진을 믿고 의지하는 마음이 느껴졌기에, 나 역시 끝까지 마음을 다해 곁을 지키고 싶었다. 의료진의 노력, 환자의 의지, 가족의 보살핌에도 불구하고, 환자의 상태는 더욱 악화했고 연명치료를 중단하기로 하였다. 환자의 임종을 앞두고서, 여느 때처럼 병실을 찾았다. 손을 꼭 잡고 내일 또 만나자는 말을 건넸고, 환자는 힘겹게나마 눈빛으로 그 인사를 받아주었다. 하지만 몇 시간 뒤, 환자가 세상을 떠났다는 연락을 받았다. 가슴 깊은 곳에서부터 밀려오는 안타까움과 아쉬움에 마지막 가는 길이라도 배웅하고 싶었다. 마지막 길을 조용히 배웅하고 싶어 발걸음을 옮겼고, 장례식장에서 마주한 보호자들은 나를 보자마자 울음을 터뜨렸다. "그동안 선생님이 얼마나 따뜻하게 대해주셨는지… 우리도 다 알고 있었어요. 정말 감사했습니다."라며 감사하다는 말을 몇 번이나 반복하며 서로를 껴안고 위로했다. 슬픔은 여전히 컸지만, 그 모든 아픔 사이사이에 쌓여 있던 따뜻한 기억들도 남아 있기에, 보호자에게도 나에게도 이 이별이 오직 상처로만 남지 않기를 기도했다. 그리고 다시, 마음속 깊은 곳에서 조용히 다짐했다. 앞으로도 나는 이 자리에 머물겠노라고.

○ 시작과 끝, 삶을 지키는 사랑

누군가에게 삶의 시작을 건네는 일, 누군가의 마지막을 함께 지켜보는 일. 그 모든 순간에 내가 있었고, 나의 마음이 있었고, 나의 사랑이 있었다. 가장 밑바닥에 있는 아픔 앞에서부터 가장 고요한 마지막 앞에서조차 놓지 않았던 마음이었다. 누군가가 다시 살아보겠다고 애쓰는 그 순간에도, 누군가가 조용히 떠날 준비를 하는 그 찰나에도, 나는 '선생님'이라는 이름으로 함께 있었다. 그 이름이 때론 나를 지치게 했지만, 결국 다시 일어서게 만들었다. 말 한마디, 눈빛 하나에도 마음을 담으려 애썼고, 실수 앞에서 다시 설명할 수 있는 용기를 냈고, 마음을 붙잡아주는 손이 되어주려 했다. 그렇게 누군가의 시작과 끝에 머무르며 '가르치는 사람'이기 전에 '곁을 지키는 사람'이고자 했다.

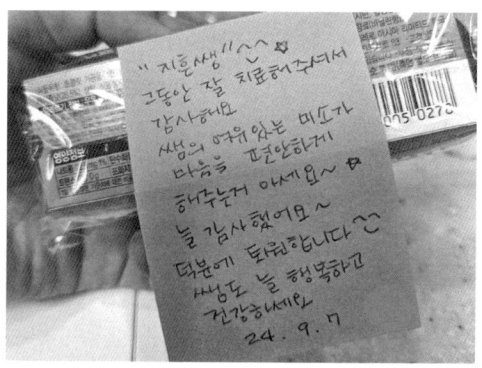

퇴원한 환자가 건넨 쪽지와 간식

그리고 이 자리에 머무르며 비로소 알게 되었다. '선생님'이라는 이름은, 결국 삶의 가장 깊은 지점을 마주하며 사랑을 배우는 자리라는 것을. 이 자리에 머무를 수 있었던 나를 조금은 다정하게 기억해도 괜찮을 것 같다고, 이제는 그렇게 생각한다.

4장
시선, 앞으로도 '선생님'일 수밖에 없는 이유

나는 아직도 종종 나 자신에게 묻곤 한다. '왜 나는 지금도 이 길 위에 서 있을까?', '이 자리를 계속 지켜야 하는 이유는 무엇일까?' 살면서 만난 수많은 선택지 앞에서 흔들릴 때마다, 자신에게 되묻고 또 다짐한다. 병원에서, 보호시설에서, 그리고 그 어디서든 나는 왜 '선생님'이라는 이름으로 살아가고자 하는가.

'선생님'이라는 이름은 내게 직업 이상의 의미였다. 그것은 나의 태도였고, 존재 방식이었고, 내가 사람을 대하고 세상을 마주하는 시선이었다. 병원에서는 환자와 보호자의 곁을 지키는 사람으로, 보호시설에서는 아이들에게 삶의 가능성을 보여주기 위한 어른으로, 그렇게 다양한 현장에서 '선생님'으로 살아왔다. 그리고 그 이름은 매일의 나를 조금 더 따뜻하게, 조금 더 단단하게 만들어주었다.

되돌아보면, 지금까지 이 자리를 떠나지 못한 이유는 아주 작고도 사소한 장면들 덕분이었다. 퇴근길, 조심스럽게 다가와 "오늘 정말 감사합니다."라고 인사하던 후배의 눈빛. 수학 시험에서 처음으로 95점을 넘었다며 들뜬 얼굴로 자랑하던 보호시설 아이의 웃음. 마지막 순간, 환자의 손을 잡고 "그동안 고생 많으셨어요."라고 말하던 내 목소리. 그리고 나를 보며 울먹이던 보호자의 얼굴. 이 모든 장면이 나를 다시 붙잡았다. 어떤 하루는 힘들고, 또 다른 하루는 마음이 무너졌지만, 그런 순간들 사이사이로 불쑥 건네지던 말 한마디, 눈빛 하나가 나를 다시 일으켜 세웠다.

"선생님, 오늘 정말 고마웠어요."
"선생님 덕분에 좀 괜찮았어요."

누군가에겐 사소한 말일 테지만, 그 안에는 분명한 진심이 담겨 있었다. 이런 진심이 나를 다시 이 자리로 데려왔다. 나라는 작은 존재가 누군가의 하루에, 마음에, 그렇게 남을 수 있다는 사실은 생각보다 오래, 그리고 깊게 마음에 스며들었다. 그 말은 말 그대로 위로였고, 내가 해왔던 모든 선택과 마음의 방향이 틀리지 않았다는 조심스러운 확신이었다. 나의 작은 존재가 누군가에게 그렇게 느껴졌다는 사실, 그건 이 길을 멈추지 않고 계속 걸어가도 괜찮다는, 그 자체로 발걸음을 다시 내딛게 하는 이유였다.

'선생님'이라는 이름은 단지 누군가를 가르치는 사람을 뜻하지 않았다. 그것은 곁을 지키는 사람, 끝까지 믿어주는 사람, 때로는 먼저 다가가는 사람을 뜻했다. 병원에서 후배 간호사를 기다려주던 순간, 아이가 수학 공식을 이해할 때까지 몇 번이고 다시 설명하던 순간, 임종을 앞둔 환자에게 처음으로 감정을 담아 말을 건넸던 순간, 그 모든 시간이 '선생님'이라는 이름의 깊이를 만들어갔다.

나는 사실 여전히 부족한 선생님이다. 때때로 조급하고, 때때로 예민하며, 때때로 지치고 흔들린다. 누군가의 삶에 영향을 준다는 것이 얼마나 조심스럽고 섬세한 일인지 알기에, 그 무게 앞에서 버거울 때도 있다. 그럼에도 이 길을 멈추고 싶지 않다. 내가 알고 있는 '선생님'이라는 이름이 내 삶의 방향을 가장 따뜻하게 이끌고 있기 때문이다. 후배의 달라진 얼굴, 한 아이가 나에게 남긴 편지, 보호자가 건넨 인사. 그것들은 내가 걸어온 길이 전부 틀리지 않았다는 조용한 확신이 되어주었다. 그 확신이 있었기에, 나는 다시 후배들 옆에, 아이들 앞에, 환자의 곁에 설 수 있었다. '선생님'이라는 이름을 붙잡고 살아간다는 건, 결국 누군가에게 '괜찮다'고 말해줄 수 있는 사람이 된다는 것이다. 그 말 한마디가 필요했던 많은 사람, 그리고 그 말을 전하며 스스로 위로받았던 나 자신까지도, 모두가 그 이름 속에 함께 있었다.

그렇게 나는 '선생님'이라는 이름 안에서 끊임없이 배우고, 다시 사람들 속에서 살아가고 있다. 이런 마음의 흐름 속에서, 나는 자연스레 일반 간호대학원이 아닌, 교육대학원에 진학하여 간호교육을 전공으로 공부하게 되었다. 단순히 이론을 배우고 학위를 얻기 위해서가 아닌, 내가 현장에서 느끼고 고민하던 것들에 더 깊이 다가가고 싶어서였다. 왜 어떤 말은 마음에 와닿고, 어떤 설명은 마음의 문을 열게 되는지. 어떻게 하면 간호사로서, 또 교육자로서 사람의 성장을 돕는 더 나은 어른이 될 수 있을지. 그 일련의 질문에 조금 더 성실히 답하고 싶었다.

병원에서 만난 환자와 보호자, 신규 간호사들, 보호시설에서 만난 아이들, 그들은 언제나 진심을 기억했다. 정확한 설명도 중요하지만, 먼저 마음을 다해 다가가는 사람이 남는다는 것을 그들로부터 배웠다. 그래서 나는 더 잘 설명하고 싶었고, 더 잘 기다리고 싶었고, 더 잘 이해시키고 싶었다. 내가 받은 따뜻함을 다시 건넬 수 있는 사람이 되기 위해, 나는 배움의 자리를 다시 선택했다.

　앞으로도 아마 완벽하지는 않을 것이다. 실수도 할 거고, 때로는 무기력에 주저앉을지도 모른다. 하지만 한 가지는 분명하다. 나는 계속 '선생님'으로 살아가고 싶다. 단지 무언가를 가르치기 위해서가 아니라, 더 좋은 어른으로 살아가기 위해서. 누군가의 옆에서 외롭지 않게 도와주는 따뜻한 사람이 되고 싶기 때문이다. '선생님'이라는 이름은 나를 흔들리게도 했지만, 나를 단단하게도 만들었다. 그 이름으로부터 받은 수많은 사랑과 배움을 기억하기에 오늘도 다시 '선생님'으로 하루를 살아간다. 그리고 앞으로도 그렇게 살아갈 것이다.

　이 이름이 언제까지나 내 삶에 머물기를 바란다. 무언가를 가르치기보다 누군가의 곁에 머무는 사람. 누군가의 무너짐 앞에서 작은 숨이 되어주고, 누군가의 출발 앞에서 조용한 믿음이 되어주는 사람. 그렇게 나는 오늘도, 그리고 앞으로도 '선생님'이라는 이름으로 살아가고 싶다.

　그리고 언젠가 누군가가 나를 기억할 때, 이렇게 말해주었으면 한다.
　"그 사람은, 내 마음에 오래도록 따뜻했던 사람이었다."
　그 말이면 충분하다.

박서현

교육대학원
국어교육 석사과정

교사,
super 이끌림

1장
흔들려도

'왜 교사가 되고 싶었을까.'

교사가 되기 위해 달려온 지도 어느덧 N년째. 처음에는 간절했다. 분명 그랬다. 그러나 요즘 들어 그 마음이 흐릿해지고 있다. 교사가 되려면 누구나 넘어야 하는 임용고시라는 문턱 앞에서, 공부에 집중해야 할 이 중요한 시점에 '정말 교사가 되고 싶은 걸까.'라는 의문이 나를 괴롭힌다. 대학원까지 진학하며 길을 정해놓고도 흔들리는 내 모습이 당혹스럽다.

누가 왜 교사가 되고 싶으냐고 묻는다면, 나는 여전히 그렇게 답한다.

"가르치는 게 적성에 맞기도 하고… 학생들을 바른 길로 이끌면서 선한 영향력을 끼치고 싶어서요."

이 말은 오래전부터 이어져 온 답이었다. 그러나 요즘은 그 말을 내뱉을 때마다 마음 한구석이 조금씩 흔들린다. 예전엔 스쳐 들었던 요즘 교사들 힘들다는 말이 이제는 불안의 파도로 밀려온다. 어렵게 임용고시를 통과해도, 학생들이 따르지 않으면 어떻게 해야 할까. 사건·사고로 얼룩진 뉴스 속 교사의 모습이 나의 미래와 겹쳐 보일 때면 가슴이 답답해진다. 경제적으로도 여유롭지 못한 직업이라며 흔드는 목소리 또한 쉽게 잦아들지 않는다.

이런 고민이 나만의 일은 아닐 테지만, 유난히 내 안에서는 오래 머물렀다. 스쳐 지나가길 바랐지만 점점 더 커져서 일상 전체를 짓누르기 시작했다. '공부에 매진해야 할 지금, 왜 하필 이런 고민이?'라는 생각은 계속해 집중을 흐트러뜨렸다. 하루에도 몇 번씩 '이제는 정말 공부해야지.'라고 다짐했지만, 책상 앞에 앉으면 공허하게 시간만 흘렀다. 머릿속에서 해야 한다는 압박감과 '정말 이 길이 맞을까.'라는 질문이 뒤섞여 소음처럼 울렸다.

흔들릴수록, 처음 마음을 돌아보게 된다. 나는 왜 교사가 되고 싶었을까.

내가 교사를 꿈꾸게 된 이유는 단순했다. 학생들과 소통하는 시간이 좋았고, 가르치는 일이 즐거웠다. 무엇보다 그 일을 잘할 수 있다는 믿음이 있었다. 예전부터 타인의 이야기를 듣고 공감하는 것을 좋아했다. 누군가의 고민을 들어주고 함께 방법을 찾아갈 때 보람을 느꼈다. 누군가에게 무언가를 알려주는 일도 즐거웠다. 상대의 눈높이에 맞춰 설명했을 때 "아, 이제 알겠다."하고 눈빛이 달라지는 순간, 그 기쁨은 잊을 수 없었다. 그럴 때마다 '나는 이런 일을 잘할 수 있겠다.'는 확신이 조금씩 쌓여 갔다.

단순히 가르침만이 목적이었다면, 강사를 택했을지도 모른다. 하지만 나에게 교사는 단순히 '지식을 전하는 사람'이 아니었다. 관계와 소통, 그리고 공감을 통해 학생과 함께 성장하고, 삶의 방향을 함께 고민하는 존재였다. 내가 교사를 꿈꾼 이유는 바로 거기에 있었다. 단순히 누군가를 가르치는 데 그치지 않고, 학생들과 관계를 맺으며 서로의 성장을 지켜보고, 때로는 길을 잃은 마음에 작은 불빛이 되어 주고 싶었다.

그렇게 마음속에 교사의 꿈이 자리 잡아 갈 즈음, 그 길 위에서 큰 힘이 되어준 분이 있었다. 내 인생의 롤모델이신 할머니였다. 교사로 일하시던 할머니는 방학마다 할아버지와 함께 세계 곳곳을 여행하셨다. 어린 나에게 그 모습은 교사라는 직업이 삶을 더 넓고 풍요롭게 만들어 갈 수 있는 길임을 보여주었다. 나 또한 언젠가 할머니처럼 배우고 나누며 살아가는 교사가 되고 싶다고 생각했다.

그 과정에서 또 다른 영향을 준 건 학창 시절 만난 선생님들이었다. 밤낮없이 강의하며 학생들을 이끌던 강사 선생님들의 모습은 단순히 멋있다는 감정을 넘어, 깊은 감탄을 불러일으켰다. 어려운 내용을 학생 눈높이에 맞춰 풀어내고, 무미건조한 과목을 흥미롭게 만들어 주던 모습들이 아직도 기억에 남아 있다. 과외 선생님 또한 마찬가지였다. 지식을 전하는 데 그치지 않고, 불안하던 내 마음을 다독여 주셨으며, 있는 그대로의 나를 바라봐 주셨다. 사춘기 시절, 선생님의 진심 어린 관심은 흔들리던 나를 붙잡아 주는 힘이 되었다.

입시 기간, 강사 선생님이 건네준 몇 마디는 수년이 지난 지금까지도 선명하게 남아있다.

"손이 타버릴 듯 뜨거울지라도 담고 싶은 태양이 있다면 죽어도 놓치지 말 것."

"도망친 곳에 천국은 없다."

나는 그 문장들을 플래너에 적어 두고, 힘들 때마다 들여다보곤 했다. 교사의 말 한마디가 학생에게 삶의 나침반이 될 수 있다는 사실을 그때 처음 알았다. 그 깨달음이 오래도록 마음에 남아, 나도 언젠가 누군가에게 그런 선생님이 되고 싶다는 바람이 싹텄다.

대학원 진학은 단순한 선택이 아니라 교사가 되겠다는 결심이었다. 사범대 출신이 아니었던 내게 교육대학원은 교사로 나아갈 수 있는 거의 유일한 길이었다. 결국 원했던 대학원에 들어왔을 때, 그간의 긴 여정을 견뎌낸 뿌듯함이 가슴 깊이 차올랐다.

1·2학기는 적응의 시간이었다. 과제와 야간 수업, 낯선 생활 패턴 속에서 하루하루가 순식간에 흘러갔다. 임용고시 준비는 여전히 멀게만 느껴졌다. 하지만 전부터 배우고 싶던 전공 수업을 듣는 것만으로도 설렘이 컸다. 학부에서 국어국문학을 전공하며 사범대 수업을 듣고 싶었던 나에게는 강의 하나하나가 특별하게 다가왔다.

학부 시절의 강의실은 또래 학생들로 채워져 있었다면, 대학원 수업은 달랐다. 다양한 직종에서 이미 사회인으로 살아가고 있는 이들과 함께 공부하는 자리는 낯설면서도 신선했다. 특히 현직 교사임에도 여전히 배우고 성장하려는 모습은 내게 큰 울림을 주었다. 그들의 눈빛 속에서 교사의 또 다른 가능성을 보았다. '교사가 된 이후에도 이렇게 배움을 이어가며 성장할 수 있겠구나.' 싶었다. 나 또한 그런 교사가 되고 싶다는 마음이 생겼다.

그러나 3학기에 접어들면서 해이해졌다. 막상 책상 앞에 앉아 있어도 진도가 나가지 않았다. 마음 깊은 곳에서 '왜 교사가 되고 싶은 걸까', '왜 이 소중한 시절을 모두 공부에 쏟아내려 하는 걸까'와 같은 질문이 여전히 풀리지 않은 채 남아 있었다.

사람은 하루아침에 바뀌지 않는다는 말이 있듯이 학기가 바뀌었다고 해서 달라지는 건 없었다. 머릿속에서는 '이럴 때가 아닌데, 얼른 공부해야 하는데…'라는 다급한 소리가 끊임없이 맴돌기만 할 뿐이었다. 나는 어떤 사람이기에 이 길을 선택했고, 또 무엇이 나를 끝내 이 길로 이끌고 있는 것일까. 내 안에는 여전히 그 질문이 울리고 있었다.

나는 도전을 좋아하는 사람이다. 하고 싶은 일은 끝까지 해내야 직성이 풀리는 성격—때로는 장점으로도, 단점으로도 작용하는—을 가졌다. "나 이거 할 거야."라고 농담처럼 던진 말 같아도, 결국 그 일을 해내는 내 모습을 보고 주위에서 놀랄 때가 많았다. 교사의 길이 쉽지 않다는 건 익히 알고 있었다. 뉴스에서도, 현실에서도 교사들의 어려움은 분명히 보였다. 그럼에도 멈추지 않았던 건, 교사가 되는 것이 단순한 직업 선택이 아니라 반드시 이루고 싶은 도전이었기 때문이다.

문제는 욕심이었다. 늘 해보고 싶은 게 많았다. 경험해 보지 않고는 모른다는 생각 때문에 여기저기 발을 내디뎠던 것 같다. 하지만 뭔가를 이루려면 하나에 집중해야 한다는 점을 배운 뒤로는 교사 이외의 다른 가능성들을 과감히 내려놓았다. 그러나 시간이 지날수록 교사가 되는 길은 점점 더 길고 고된 여정처럼 느껴졌다. 언제부턴가 하고 싶어서가 아니라 '해야 하니까, 내가 선택했으니까.'라는 이유로 버티고 있었다. 그때부터는 설렘이 아니라 무거운 짐이 되어버렸다. 세상은 넓고 할 수 있는 일은 무궁무진한데, '나는 너무 일찍 이 길만 고집한 건 아닐까, 우물 안 개구리처럼 좁은 하늘만 바라보는 건 아닐까.'라는 두려움이 내 안에 자리 잡았다. 마치 가까스로 남은 연료로 달리는 기차처럼 관성만으로 나 자신을 움직이고 있는 기분이었다.

나는 특히 그냥 해야 하니까 한다는 말을 무엇보다 싫어한다. '그냥'이라는 말에는 아무 의미도, 의지도 담겨 있지 않다고 생각하기 때문이다. 그래서 내게는 언제나 '왜'가 중요했다. 목표가 내게 의미 있게 다가올 때 비로소 몰입할 수 있었다. 교사라는 꿈도 그랬다. 하고 싶어서 달려왔을 때는 불안조차 설렘이었지만, 의무감만 남자 발걸음이 무거워졌다. 결국 끝내 붙잡아야 하는 것은 '처음 이 길을 왜 꿈꾸었는가.'라는 질문에 대한 진짜 대답이었다.

결국 돌아오는 질문은 같다. 나는 왜 교사가 되고 싶은가. 실은 지금도 흔들리고 있고, 그 물음에서 완전히 벗어나지 못하고 있다. 그러나 방황의 끝에 설 때마다 다시 이 길 위로 발걸음을 옮기게 된다. 그건 나를 계속해서 이 자리로 되돌리는 무언가가 있기 때문이다.

돌아보고

지금의 흔들림을 돌아보다 보니, 자연스럽게 예전의 방황이 떠오른다. 대학생이던 나 역시 불안과 고민 속에서 교사의 길을 두고 끊임없이 흔들렸던 시기가 있었다.

입시를 앞둔 시절만 해도 목표는 분명했다. 국어 교사가 되고 싶었다. 학교보다 과를 더 중요하게 생각했을 정도다. 그래서 지원 대학을 정할 때도 성적에 맞추기보다는 교직이수 가능 여부를 가장 먼저 따졌다. 국어교육과나 국어국문학과만 골라 지원한 것도 그 이유였다. 그러나 막상 국어국문학과에 입학하고 나니, 눈앞에는 더 많은 길이 펼쳐졌다. '굳이 국어교육만 고집할 필요가 있을까?' 하는 질문이 따라붙었다.

마침 코로나가 터지면서 홀로 있는 시간이 많아졌고, 그만큼 사색의 시간도 길어졌다. 교사가 아니라 다른 길을 탐색해 보고 싶다는 마음이 슬머시 고개를 들었다. 부모님의 반대를 무릅쓰고 처음 아르바이트를 시작했을 때도 그랬다. 조직 내 위계질서와 정해진 틀 속에서 일하는 것이 답답하게 느껴질 때도 있었지만, 사회를 직접 경험했다는 점만큼은 분명 값졌다.

취미를 살려 쇼핑몰 창업에도 도전했다. 새벽마다 도매 시장에 가 옷을 고르고, 단가와 마진을 계산하며 코디를 구상했다. 하지만 막연히 '내 취향대로 예쁜 옷을 고르면 되겠지.'라는 생각은 금세 무너졌다. 사진을 찍을 때도 초점은 내가 아니라 옷이어야 했고, 옷이 돋보이도록 담아내는 일은 예상보다 훨씬 어려웠다. 사진을 잘 찍는다고 끝인 것도 아니었다. 이미 예쁜 옷을 파는 곳은 넘쳐났고, 결국 사람들을 끌어오는 건 마케팅이었다.

복수전공으로 마케팅 수업까지 들었다. 시장 조사에서 시작해 타깃을 설정하고 그 분석 위에 제품 콘셉트를 세워 발표하는 과제가 있었다. 처음엔 창의적인 아이디어를 마음껏 펼칠 수 있을 줄 알았지만, 결국 모든 과정의 기준은 수익이었다. 멋진 발상보다 시장 논리에 설득될 때 비로소 의미가 생겼다. 그때 나는 깨달았다. 내가 상상하던 일과 현실의 일은 다를 수 있다는 사실을.

학업과 창업을 병행하기엔 시간이 턱없이 부족했다. 결국 둘 중 하나를 내려놓아야 했고, 쇼핑몰은 오래가지 못했다. 투자한 돈과 시간이 아깝지 않다면 거짓말일 것이다. 그러나 그보다 값진 것을 얻었다. 직접 부딪히지 않으면 결코 알 수 없는 세계가 있다는 배움이다. 내 취향의 옷을 잘 고르는 일과 소비자가 원하는 상품을 만들어 파는 일은 전혀 다른 차원의 일이었다는 것도 체득했다.

이 시기의 도전은 결과적으로 실패에 가까웠지만, 그럼에도 값진 경험이었다고 생각한다. 그전까지는 큰 좌절을 겪어본 적이 거의 없었기에, 넘어지는 경험 자체가 내게는 성장의 기회였다. 동시에 새로운 사실을 알게 되었다. 나는 직접 부딪혀 봐야 아는 사람이고, 한 번 끝까지 해본 일이라면 미련 없이 다음으로 나아갈 수 있는 사람이라는 것을.

그렇게 다시 교사라는 길을 향하고 있을 때, 그 마음에 확신을 더해준 결정적인 전환점이 있었다. 지도교수님과의 상담이었다.

"두 마리 토끼를 잡으려다 모두 놓칠 수 있다."
"교사가 되고 싶어도 되기 힘든 게 현실이다. 정말 간절해야 한다."

짧지만 묵직한 이 말은 내 마음을 강하게 울렸다. 나는 방황을 정리하고 교사라는 목표를 중심에 두기로 결심했다.

그때부터는 방향을 단단히 잡았다. 복수전공을 정리하고 교육대학원 진학을 목표로 국어국문학과 심화전공 과정에 집중했다. 쉽지 않았지만, 교사가 된다면 반드시 필요한 지식이라는 생각에 묵묵히 버텼다. 동시에 교직 관련 수업도 일부러 찾아 들었다. 교직이수 자격은 없었지만, 언젠가 반드시 할 거라는 확신이 있었기에 누구보다 성실하게 임했다. 수업에서 여러 교육 이야기를 주고받을 때마다 이 길을 가야겠다는 확신이 커졌다. 같은 뜻을 품은 동료들과 토론할 때는 언젠가 저들과 함께 교단에 서고 싶다는 기대도 생겼다.

그러나 이론만으로는 부족했다. 학생들을 직접 만나야겠다는 갈증이 점점 커졌다. 그래서 EBS 온라인 멘토링을 시작했다. 교육 사각지대에 있는 지역의 아이들을 대상으로 진행되는 프로그램이었다. 하지만 비대면 수업이라는 형식은 낯설고 쉽지 않았다. 모니터라는 벽을 사이에 두고 소통해야 한다는 점이 답답하게 느껴졌고, 학생들의 집중을 이끌어내는 일도 한층 더 어려웠다. 하지만 이런 상황일수록 더욱 정성을 들여 수업을 준비해야겠다고 마음을 먹었다. 멘토링 측에서 제공해 준 교재만으로도 수업을 할 수 있었지만, 매 수업마다 PPT와 학습지와 같은 자료를 직접 만들며 진심으로 임했다. 그 마음을 학생들도 느꼈는지 점차 초롱초롱한 눈빛으로 수업에 임해 주었다. 나중에는 자신의 속 깊은 이야기를 털어놓는 학생들도 생겼다. 비대면이라는 한계가 있었지만, 내가 진심을 다하자 학생들도 서서히 마음을 열기 시작했던 것이다. 그 경험을 통해 나는 처음으로 깨달았다. 진심은 결국 통한다는 것을.

특히 1년 동안 함께한 한 중학생과의 멘토링은 잊을 수 없는 경험이었다. 공부에 의욕이 있는 학생을 만나고 싶었지만, 현실은 정반대였다. 첫 시간부터 "엄마가 시켜서 하는 거예요. 왜 공부를 해야 하는지도 모르겠어요."라고 말하던 학생이었다. 쉽지 않겠다고 느끼면서도, 오히려 이 학생을 꼭 변화시켜 보고 싶다는 의지가 생겼다.

학생에게 작은 목표부터 세워 주었다. 숙제를 조금만 해 와도 아낌없이 칭찬해 주었다. 작은 성취가 자기효능감으로 이어지기를 바라는 마음에서였다. 시험 목표도 '저번보다 한 등급만 올리기'로 단순화했다. 결과는 놀라웠다. 학생은 성적을 올렸고, 조금씩 태도도 변화했다. 게임을 좋아한다는 관심사를 털어놓을 때도 귀 기울였다. 오히려 그 관심을 바탕으로 진로 이야기를 나누면서, 학생은 특성화고 진학이라는 새로운 목표를 세웠다. 결국 원하는 학교에 합격했고, 국어 성적이 합격에 큰 도움이 되었다며 내게 진심으로 감사 인사를 전했다.

　멘토링이 끝난 이후, 학생이 나에게 배운 내용을 사진으로 보내왔다. 함께 전달된 "선생님이랑 공부한 내용 학교에서도 나왔어요. 감사해요."라는 짧은 말이 내게 큰 울림으로 다가왔다. 무뚝뚝하던 학생이었기 때문에 더욱 놀랐던 것 같다. 그 경험은 교사의 역할은 끝까지 학생을 믿는 것이라는 분명한 가르침을 주었다. 당장은 눈에 보이는 변화가 없더라도, 교사의 믿음은 씨앗처럼 학생의 마음속에 뿌리내린다. 나는 다짐했다. 누군가의 마음에 씨앗을 심는 교사가 되겠다고.

겪으며

　돌아보면 나는 학생들을 가르치는 여러 자리에서 조금씩 교사의 꿈을 향해 나아가고 있었다. 학원 조교, 강사, 교육 실습, 그 어느 것 하나 가볍게 지나간 경험은 없었다. 그 시간들이 쌓여 지금의 나를 만들었다.

　학원 조교 시절, 주된 역할은 채점과 질의응답이었다. 언뜻 단순한 업무처럼 보였지만, 나에게는 첫 교육 현장이었기에 특별했다. 학생들이 문제를 풀다 막히면 곧장 다가가 설명해 주고, 시험 전에는 할 수 있다는 짧은 응원도 건넸다. 서툴게나마 라포를 쌓으며 교실이 조금씩 활기를 띠기 시작했다. 오래 함께하지 못했지만, 여전히 기억 속에 또렷하다.

그 이후 직접 수업을 해보고 싶다는 마음이 커졌다. 그래서 대학원 진학 후에 학원 강사로 1년을 보냈다. 막상 강단에 서니 생각보다 훨씬 쉽지 않았다. 많은 아이들과 장시간 얼굴을 마주하며 그들의 다양한 사정을 가까이서 보았다. 아이들의 상황은 천차만별이었다. 어떤 학생은 우울증으로 힘들어했고 또 어떤 학생은 학교생활에 큰 어려움을 겪고 있었다. 하지만 학원은 결국 진도가 최우선이었다. 고민을 들어주고 싶어도 수업을 진행해야 했고, 상담보다는 성적 관리가 우선시되는 구조가 답답했다.

때로는 무력감이 찾아왔다. 열정을 다해 수업해도 무심히 앉아 있는 학생 앞에 서면 마음이 흔들렸다. 학생이 몰라줘도 내 몫을 다하자고 다짐했지만, 속으로는 서운함이 쌓였다. 그러던 어느 날, 무뚝뚝하고 의욕 없던 학생이 갑작스럽게 퇴원했다. 학부모 상담 자리에서 집에서 선생님 얘기를 자주 했다는 말이었다. 그 순간 울컥했다. 학생을 향한 진심이 전해졌다는 사실이 나를 붙잡았다.

그날 일기에 나는 이렇게 적었다.

아이들은 무궁무진한 가능성이 있다고 믿는다. 혹 엇나간다 해도, 그것은 학생의 잘못이 아니라 어른이 바로 잡아 주지 못했기 때문이라 생각한다. 그래서 나는 일타 강사가 되지 못하더라도, 학생들을 긍정적인 방향으로 이끌어주는 선생님이 되고 싶었다. 하지만 학원에서 마주한 현실은 녹록치 않았다. 학습 의욕이 없는 학생 앞에 서는 게 이렇게 힘든 일인지 몰랐다. 그래도 오늘에서야 알았다. 진심은 결코 헛되지 않다는 것을.

돌이켜보면 학원은 분명 한계가 있었다. 성적이 최우선이고, 학생의 흥미나 작품의 깊이는 뒷전이었다. 그러나 그 속에서 나는 배웠다. 공부하지 않는다는 이유만으로 혼내서는 변화를 이끌 수 없다는 것을. 오히려 작은 성취를 칭찬하고, 왜 공부해야 하는지를 납득시킬 때 아이들은 조금씩 움직였다. 속도보다 중요한 건 결국 함께 가는 것이었다. 그리고 이 깨달음은 나를 교사라는 꿈에 한 발짝 더 가까이 이끌었다.

이후 나는 교육 실습을 나가게 되었다. 학원과는 또 다른 학교라는 현장이었다. 그런데 막상 현장에 가 보니 내가 학생이었을 때와는 분위기가 달랐다. 학창 시절, 교생 선생님이 오면 교실이 금세 활기차지곤 했는데 예상과는 달리 아이들의 반응은 덤덤했다. 고등학교 2학년이라서 그랬는지, 시험을 앞둔 긴장감 때문인지 교실 안에는 차분하다 못해 삭막한 공기가 감돌았다. 내가 맡은 반은 특히 낯가리는 학생이 많아 다가가기 어려웠다.

쉽지 않은 분위기였지만 그 안에서 내가 할 수 있는 최선을 다하고 싶었다. 작은 설문지를 돌려 학생들의 고민을 들어보고, 개별 상담도 했다. 예상보다 훨씬 무겁고 복잡한 이야기들이 쏟아졌다. 또래 관계 문제, 미래에 대한 불안에서 비롯된 고민들. 내가 해결해 줄 수 있는 건 없었다. 하지만 학생들이 들어주셔서 고맙다고 말했을 때, 나는 알았다. 해결책보다 중요한 것은 들어주는 마음일 수 있다는 것을.

아침마다 밝게 인사하는 것도 놓치지 않았다. 사실 나 역시 피곤했지만, 아이들 앞에서는 늘 웃으려 했다. 시험기간 조례 시간에는 지쳐 보이는 아이들에게 작은 힘을 주고 싶어 '흔들리지 않고 피는 꽃이 어디 있으랴'라는 시 한 구절을 전했다. 누구보다 흔들리고 있을지 모를 아이들에게 흔들림 없이 피는 꽃은 없듯, 지금의 너희도 꽃을 피워내는 과정에 있다고 말해주었다. 낯부끄럽지만 용기를 내어 건넨 그 말은, 나중에 편지를 통해 힘이 되었다는 고백으로 돌아왔다. 그때 나는 교사의 말 한마디가 학생에게 하루를 버티게 하는 힘이 될 수 있다는 사실을 다시금 깨달았다.

체육대회에서도 그랬다. 우리 반은 우승 가능성이 크지 않았지만, 나는 누구보다 크게 응원했다. 경기가 진행될수록 아이들은 내 쪽을 보며 '보고 있죠?'라는 눈빛을 보냈고, 결국 우승까지 해냈다. 선생님이 끝까지 응원해 줘서 힘이 났다는 말은 내게 또 다른 울림을 남겼다.

대표 수업도 맡았다. 역시 큰 도전이었다. AI를 활용해야 한다는 지시가 있어 막막했지만, 아이들이 잘 따라와 줄 것이라 믿고 밤늦도록 준비했다. 수업 날, 긴장감이 감도는 교실 분위기를 아이들의 이름을 불러가며 조금씩 바꾸어갔다. 마지막 활동에서 아이들이 직접 만든 가사가 노래로 재탄생되자 교실은 웃음으로 가득 찼다. 담당 선생님께서 아이들을 진심으로 사랑하는 마음이 보여서 좋았다는 말씀을 해주셨다. 단순히 수업을 잘했다는 평가가 아니라, 내가 어떤 마음으로 임했는지를 봐주셨다는 점이 큰 힘이 되었다.

실습 마지막 날, 아이들이 깜짝 파티와 함께 손 편지를 준비해 주었다. 처음에는 무심하던 아이들이, 시간이 지날수록 마음을 열고 다가와 준 것이다. 서툴고 긴장된 순간들이 많았지만, 결국 남은 건 아이들의 웃음과 고맙다는 말 그리고 진심이 담긴 편지였다. 편지에는 이렇게 적혀 있었다.

- 선생님이 아침마다 웃으며 인사해 주셔서 활기차게 하루를 시작하도록 노력할 수 있는 힘이 되었습니다.
- 2학년 적응하는 시기에 교생 선생님이 계셔서 행운이었던 것 같아요.
- 선생님 덕분에 학교생활이 더 즐거웠고, 하루하루가 기대되는 날들이었어요.

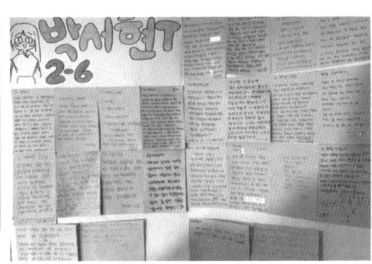

나는 그 글을 읽으며 울컥했다. 겉으로는 무심해 보이던 아이들도 사실은 다 느끼고 있었다. 교사의 말과 행동은 결코 헛되지 않았다.

조교로 시작해 강사, 그리고 교육 실습까지 이어진 시간 속에서 나는 분명히 배웠다. 학생은 교사의 진심을 언젠가 반드시 느낀다는 것을. 교사의 말과 행동은 겉으로는 스쳐 지나가는 듯 보여도 마음속에 씨앗처럼 남는다는 것을.

그 깨달음은 왜 교사가 되고 싶은가라는 물음에 대한 완전한 해답이 되어주지 못했지만, 그 답을 향해 나아가게 하는 분명한 이정표가 된 건 확실했다. 그 순간마다 나는 아이들을 사랑했고, 국어를 사랑했으며, 가르침 속에서 함께 성장하고 싶다는 마음을 다시 확인했다. 흔들리고 주저하는 날이 찾아왔지만, 언제나 나를 다시 일으켜 세우는 힘은 '관계'였다. 그것은 앞으로도 마치 보이지 않는 끌림처럼 나를 다시 교사의 길 위로 불러 세울 것이다.

4장
다시, 교사

진심은 통한다. 학생들은 어린 것 같아도 교사의 마음을 안다. 그래서 교사는 늘 스스로를 돌아보며, 학생들의 거울이 되어야 한다고 생각한다. 화려한 말솜씨나 완벽한 지식보다 중요한 건 관계다. 아무리 수업을 공들여 준비해도 학생들이 마음을 닫아버리면 교실은 움직이지 않는다. 반대로 라포가 형성되면 교사의 작은 말에도 반응하고 교실은 살아난다. 그래서 교사가 된다면 무엇보다 관계를 먼저 세우고 싶다. 이름을 불러주고, 아침마다 눈을 맞추며 인사하는 사소한 행동이 학생들에게는 하루를 버티는 힘이 된다는 걸 이미 경험했기 때문이다. 그 경험을 오래도록 가슴 깊이 기억하고 싶다.

그렇다면 교사로서 나는 무엇을 학생들과 나누고 싶은가. 바로 내가 사랑해 온 것들이다. 그중에서도 문학은 내 삶을 지탱해 준 힘이었다. 세상을 비관하고 냉소적으로 바라보던 순간에 문학은 다시금 낭만을 되찾게 해주었다. 덕분에 세상을 바라보는 눈도 달라졌다. 그래서 학생들에게도 이 매력을 전하고 싶다. 교실에서 시 한 줄이 하루를 살아가는 힘이 되고, 소설을 통해 세상을 더 깊이 이해하게 되는 순간을 학생들과 함께하고 싶다. 내가 사랑해 온 것을 함께 나누는 일, 그것이 내가 교사로서 이루고 싶은 바람이다.

교육 실습을 마치던 마지막 날, 우리 반 아이들과 작별 인사를 하며 결국 눈물이 차올랐다. 나는 아이들에게 울먹이며 말했다. "너희 때문에 나 교사 해야겠다." 뒤이어 아이들이 "선생님, 울어요?" 하며 웃던 장면이 아직도 선하다. 그 짧은 순간, 흔들리던 내 마음이 정리되었다. 결국 나를 붙잡아 준 건 아이들이었다. 아이들의 웃음과 말이 다시금 나를 교사의 길로 이끌었다.

글을 쓰다 보니 새삼 깨달았다. 돌이켜 보니 나는 늘 고민해 왔다. 대학생 때 멘토링을 할 때도, 교사를 꿈꾸고 대학원에 진학한 뒤에도, '이 길이 맞을까.' 하는 질문은 따라붙었다. 그때마다 교사라는 꿈을 다시 붙잡고 또다시 앞으로 나아갔다. 그렇게 수없이 결심을 새겨도 결국은 무너지고 흔들리기를 반복했다. 그 사실을 나는 잠시 잊고 있었다.

교육 실습 역시 확신이 있어서 나간 것이 아니었다. 오히려 그 경험을 통해 확신을 얻고 싶었기에 누구보다 열심히 임했다. 그리고 아이들 앞에서 너희 때문에 교사를 해야겠다고 말하던 순간, 나는 또다시 다짐할 수 있었다. 지금은 마음을 붙잡고 있다. 그렇다고 앞으로 흔들림이 없을 것이라고는 생각하지 않는다. 분명 또 포기하고 싶고, 도망치고 싶은 순간이 찾아올 것이다. 하지만 그럴 때마다 나는 지금처럼 다시 스스로에게 물을 것이다. '내가 왜 이 길을 걸어왔는지, 무엇이 나를 여기까지 데려왔는지.' 그 질문 속에서 나는 다시 교사를 꿈꿀 것이다.

박세민

교육대학원
국어교육 석사과정

지난 처음의 모양은

1장
들어가며: 이음동의어

'혼란'은 '젊은 날'의 다른 말이다. 논리적으로 설명되는 것보다 그렇지 않은 것이 더 많은 세상을 향해 '왜?'하고 물었을 때, 명확한 답이 찾아드는 순간은 답답하리만치 적다. 그런 세상을, 세상은 원래 그런 거라고, 초연하게 관망하지 못하는 건 젊음의 특성이다. 이게 맞나 저게 맞나, 내가 맞나 네가 맞나. 길고 짧음을 끊임없이 대어본다. 의미를 찾아 헤맨다. 의미를 부여하지 않고는 못 배긴다. 이 모든 것은 젊은 날의 초상이다. 아니, 특권이다. 아집 없이 말랑말랑한 뇌와 남아도는 체력의 협업만이 이뤄낼 수 있는 젊은 날의 산물이다.

여기 아주 일상적인 젊은 날을 살아내는 한 혼란이 있다.

고등학교 1학년, 희한하게 성적이 잘 나오는 국어에 정을 붙인다. 문법 수업 중, 국어 선생님의 '이게 재밌으면 국문과 가야 하는 거예요.'

한마디에 '국문과? 조금 재미있을지도?'하는 호기심이 움튼다. 선생님들에 대한 존경심으로 가르치는 일에 흥미를 갖게 된다. 잘하는 국어와 동경하는 교육을 접목하여 국어 교사를 하면 되겠다는 흐릿하고 힘이 센 목표를 세운다. 국어 교사라는 직업에 이해도가 깊지 않은 상태에서 세운 목표이니 흐릿하였으며, 내 삶을 9년째 관장하고 있으니 힘이 센 것이다. 그렇게 대학 졸업과 동시에 임용에 성공하겠다는 포부를 갖고 국어국문학과에 입학한다. 그러나 얼마 지나지 않아 교직 이수 탈락이라는 장렬한 실패를 맛본다. 대학의 3, 4학년이라는 시간이 방황의 물살을 타고, 타고 흘러간다.

　이때의 방황으로 말할 것 같으면, 거창하지는 않다. 열일곱부터 당연하게 생각했던 꿈이 달성하기 매우 어려운 것일 수 있겠다고 체감한 뒤부터 의욕 상실의 상태에 돌입했던 거였다. '나는 목표한 바가 있으면 무조건 이뤄내는 사람이다'라는 지나친 자기 신뢰를 연료로 불탔던 열정은, 연료가 소진됨으로써 사그라들었다. 가장 자유롭게 공부할 수 있는 시기를 걱정으로 채웠다. '나 그냥 교육대학원 가면 되는 건가?', '임용 시험 시기는 이대로 3년 밀리는 거고?', '만약 잘 안되면?' 대학원에 진학함으로써 치러야 할 여러 비용을 고민했다. 성공과 실패, 어느 쪽도 제대로 점칠 수 없는 상황에서 내리는 미래를 겨냥한 선택은 희부옇다. 무섭다.

　망설임으로 입학한 대학원에서 나는 계속 성장하고 있다. 새로운 환경 속 새로운 사람들, 새로운 경험, 새로운 나를 마주한다. 내가 다 컸다고 착각하던 시절을 뒤로하고 이제는 내가 너무 덜 커서, 그렇기에 무궁한 가능성을 품고 있는 존재라고 여길 수 있는 스물다섯이 되었다.

2장
바다 위 생존 지침서

　교사만큼 선택의 이유와 존재 의미를 골몰하는 직업은 많지 않은 것 같다. 아이들을 키워내는 직업이다 보니 교사를 바라보는 주위의 시선 역시 사뭇 동화적이다. '애들 진짜 예쁘지?', '애들 보면 힐링 되지 않아?', '어떻게 애들을 그렇게 좋아하냐, 나는 그런 일 못 해.' 내가 아이들을 풍요한 사랑으로 품는 어른이 될 수 있을 거라는 생각. 그런 생각은 어쩌면 사람을 조금 우쭐하게 만들기도 한다.

　'교사'라는 주제어로 워드 클라우드를 만든다면 '헌신', '봉사', '사랑'이라는 키워드는 주제어 가장 가까이, 가장 크고 굵은 글씨체로 자리하여 그 위엄을 뽐낼 것이다. 아이들이 좋아서, 아이들이 예뻐서 교사의 길을 걷게 되었다고 이야기하는 게 아무래도 가장 아름답고 바람직해 보인다. 교육자라면 응당 그래야만 할 것 같다. 아름답다는 데에 전적으로 동의한다. 가르치고 길러내는 과정은 공동의 선을 위한 것이며 미래 지향적이라는 점에서 가치 있고 그 자체로 아름답다. 하지만 과연 바람직한가? '아이들이'로 시작하고 '좋다', '예쁘다'와 같은 모호한 형용사로 종결되는 문장을 만들어 그 이유를 댄다면, 그 속에 교육의 주체로서의 교사는 없다.

　내가 추구하는 교사상을 나누기 전에, 꿈의 계기가 된 나의 개인적인 경험을 나누고 싶다. 앞서 내가 국어를 좀 잘하는 것 같아서 갖게 된 흥미와 모교의 선생님들에 대한 존경을 더해 '국어 교사'라는 값을 구했다는 이야길 했다. 왜 국어인지, 왜 하고많은 교과 중에 국어를 붙들고 있는지에 대한 의미 부여는 지금도 계속 진행 중이기에 특정 시기에 국한하여 다룰 수 없다. 하지만, 왜 선생님인지에 대한 답은 고등학교 시절에의 소급을 통해서만 찾을 수 있다.

2017년, 외국어고등학교에 진학했다. 영어를 좋아했지만, 그렇다고 외국어에 특별한 관심이 있다거나 큰 뜻이 있어서 내린 결정은 아니었다. 내가 다닌 중학교는 학구열이 높은 학교가 아니었는데, 그러다 보니 스스로 자랑스러운 성적을 받는대도 듣기 싫은 찝찝한 말이 따라붙었다. '여기서 1등 해도 다른 학교 가면 하위권이래.', '어차피 좋은 대학 못 간다던데?' 어린 애들이 지나가는 말로 아무 생각 없이 가볍게 던진 말이었을 테지만, 똑같이 어렸던 나에게는 그 말이 갈증을 불러일으켰다. 비슷한 분위기의 고등학교에서 자존심을 뭉개는 미묘한 신경전을 똑같이 반복하고 싶지 않았다. 벗어나고 싶다는 마음, 나도 잘할 수 있다고 증명해 보이겠다는 다짐으로 집에서 한 시간 거리의 낯선 학교에 입학했다.

고등학교 생활은 딱 상상했던 만큼 힘들었다. 이럴 땐 보통 상상했던 것 이상으로 힘들었다고 해야 자연스러울 것인데, 열일곱의 나는 조금 과할 정도로 어마어마한 결의와 무서운 각오를 다졌던지라 딱 예상했던 만큼 힘들었다고 이야기해도 어색하지 않다. 모두가 열심히 하는 분위기이다 보니, 노력만 하면 그에 상응하는 성과를 낼 수 있다는 공식은 쉽게 먹히지 않았다. 이전과는 완전히 다른 경쟁 상황에 놓인 채로, 돌아올 수 없는 강을 건넜다고 생각했다. 그토록 듣기 싫었던 내 결말을 단정 짓는 찝찝한 말들이 '팩트'였다고 드러날까 두려웠다.

첫 한 해는 공부 방법, 생활 방식, 교우 관계 등 모든 것이 새로고침된 시기였다. 기숙사가 없었기에 먼 거리를 통학했으며, 학교보다 더 멀리 위치한 내신을 집중관리 해주는 학원에 다닐 시간적 여유는 없었다. 어려서부터 부모님 옆에 붙어 앉아 책을 보며 공부하는 습관을 들였던지라, 강의식의 학원 수업을 재차 듣기보다 교재 속 활자를 여러 번 곱씹어 복습하는 게 나의 습성과 잘 맞았다. 하지만, 환경이 크게 바뀌었는데 지금까지의 방식을 고수해도 괜찮을까 하는 불안한 마음이 들었다. 내가 모르는, 생존을 위한 특별한 수가 어딘가 따로 있을 것만 같았다.

무거운 혼란을 품은 채 밑바닥으로 가라앉지 않고, 꾸역꾸역 전진할 수 있도록 등대가 되어 주신 건 학교 선생님들이었다. 아침 6시 30분에 집에서 나와 밤 10시까지 학교에 있는 나에게 주된 삶의 터전은 학교였다. 삶을 견디기 위해서는 삶의 주 무대인 바로 그곳에 마음으로 기댈 수 있는 존재가 있어야 했으며, 다름 아닌 선생님들이 그런 존재가 되어 주셨다. 멋진 직업을 가진 멋진 어른이 되겠다는 참으로 기특한 야망을 품었던 내가 선생님을 하겠다고 마음먹은 건, 내가 만난 선생님들이 멋있었기 때문이다.

가장 혼란스러웠던 시기인 1학년 때 만난 첫 담임 선생님께서는 시험 기간 전후로 짧게는 1시간, 길게는 2시간까지 학급의 모든 학생과 상담하셨다. 학교라는 서먹한 공간에서, 멀게만 느껴지던 선생님이라는 존재와 오래도록 깊은 대화를 나누는 경험 자체가 처음이었다. 야간 자율 학습을 하며 내 순서를 기다리는 건 가슴 떨리는 일이었고, 마침내 내 차례가 되어 상담 교실에 들어갔을 땐 이 시간이 끝나지 않았으면 좋겠다고 생각했다. 선생님과의 시간은 그 정도로 커다란 특별함이었다. 나도 모르게 내 고민과 감정을 솔직하게—이제 와 생각해 보면 지나치게 구구절절 모든 걸 말씀드렸던 게 아닌가 싶어 머쓱해진다. 선생님께 다시 한번 깊이 감사드린다—털어놓았다. 내 개인적인 고민에 귀 기울여주시는 모습이 따뜻했다. 마음에 걸렸던 학급 내 문제들이 선생님의 지휘 아래 하나둘 해결되어 가는 것을 보았다. 학급 경영과 수업에서 배어나는 선생님의 카리스마가 좋았다. 카리스마는 한결같음에서 나오는 것이며, 한결같음은 성실한 진심에 그 뿌리를 둔다고 생각했기에, 나도 그런 어른이 되고 싶다고 소망했다.

선생님들의 지적인 모습이 멋있었다. 외국어고등학교이고, 내신 경쟁이 치열했고, 나에게는 학교 선생님의 설명이 시험을 대비할 수 있는 유일한 수단이자 가장 중요한 단서였다. 수업이 끝나는 종이 울리면 교탁 옆에 줄 서기 바빴고, 시험 기간에는 청소 시간, 8교시 자습 시간 가리지 않고 선생님을 붙잡고 질문 공세를 퍼부었다. 가르침을 받는 학생이 무어라 논할 바는 못 되지만, 선생님들의 수업은 질문할 거리가 많은 수준 높은 수업이었다. 어떠한 질문에도 당황하지 않고 논리적인 피드백을 주시는 선생님들은 프로였다. 한두 문제로 갈리는 등급에 버거워하면서도 잘 출제한 시험 문제에 마음을 빼앗겼다. 국어 비문학 독서와 사회 이슈를 다루는 영어 독해 수업에 특히 재미를 느끼며 깊이 파고들었던지라 시험 문제를 나름 메타적으로 바라볼 수 있었는데, 나도 나중에 이런 문제를 만들고 싶다고 생각하며 선생님들의 실력을 동경했다.

그때 선생님들께서 나의 질문을 귀찮아하셨다면, 이런 건 시험에 안 나오니까 너무 깊게 들어가지 말라고 딱 자르셨다면, 여고생에게는 매우 중대한 문제이나 어른이 보기에는 아무것도 아닌 사소한 상담 내용에 냉소적이셨다면, 아마 나는 교사를 꿈꾸지 않았을 것이다. 그분들이 닮고 싶은 어른의 모습이었기에 '멋짐'을 추구했던 학생이 '멋진 교사'를 꿈꿀 수 있었다.

내가 추구하는 교사의 모습은 '멋진 교사'이다. '멋진 교사'란 맡은 일을 착실히, 잘 수행하는 교사이며, 맡은 일을 잘하기 위해서는 교사라는 직업을 동화적인 관점으로 바라보기보다 전문성을 갖춰야 한다. 교사가 학생들을 위해 희생하는 사람, 어떤 상황에도 사랑을 무한대로 퍼줄 수 있는 사람으로 남아서는 안 된다. 현장에 투입되어 일하다 보면 어쩔 수 없는 희생과 마음고생을 감수해야 할 순간이 오리란 걸 안다. 하지만 희생하기 위해 교사가 되는 건 아니란 걸 명징하게 인식해야 한다.

아이들이 좋다며 사람을 바라보고 세운 동기는 유약하다. 교사는 매년 다른 아이들을 만난다. 해가 바뀌면 신입생이 들어오고, 같이 수업한 적 없는 학년과 반을 맡게 된다. 똑같은 학생을 다시 만나더라도 아이는 시시각각 변화하기 때문에, 작년에 만났던 '너'가 올해도 똑같은 '너'일 거라는 보장은 없다. 아이가 어떤 심경의 변화를 겪고 어떻게 성장하여 올해 내 앞에 서 있는 건지 가늠하기 어렵다. 격동하는 성장의 물결에 표류하지 않으려면 내가 단단히 붙잡고 버틸 불변하는 무언가를 만들어내야 한다.

교사는 직업관과 잘 배운 윤리의식으로 학생들에게 모범이 되려고 부단히 노력하는 평범한 사람일 뿐, 성인(聖人)이 아니기 때문에 사랑을 무한히 생성해 낼 수 없다. 따뜻함을 경시하는 게 아니다. 내가 닮고 싶었던 선생님들은 정말 커다란 사랑과 따뜻함을 지니고 계신 분들이었다. 그러나 그것은 '일잘러(일을 잘하는 사람)'의 따뜻함이었다. 학생들에게 넉넉해지기 위해서는 내가 가진 것을 믿어야 하며, 판단에 냉철해야 하며, 휩쓸리는 게 아니라 주관해야 한다.

동기에는 커다란 힘이 있다. 첫 단추를 잘 끼워야 한다는 말이 있듯이, 첫 단계에서 잘 정립한 동기는 쓰러지지 않는 이정표로 우뚝 서 내가 길을 잃지 않도록 도와줄 것이다. 나를 제각각의 한결같음으로 돌보아주신 선생님들을 떠올리며, 나만의 한결같음을 어떻게 꾸려가면 좋을지 생각해 본다.

3장
네 덕분에 나를 알았어

학교 현장 실습에 다녀왔다. 사범대학, 교육대학원 재학생이라면 누구나 꼭 한번 나가야 하는 교육 실습. 나만 하는 것도 아니고 모두가 하는 것이니 생각하기에 따라 쉬운 일, 아무것도 아닌 일일 수 있다. 하지만 나에게는 그리 단순하게 느껴지지 않았다.

5월 교육 실습에 나가기 위해서는 전년도 9월에 실습할 학교와 컨택해야 한다. 2024년 9월, 모교에 전화를 걸어 개인 섭외를 진행했던 시기에 걱정은 20%, 설레어 부푼 마음은 80%였다. 사범대학에 진학한 고등학교 동기들이 먼저 모교에서 즐겁게 실습하던 모습을 부러운 마음으로 바라보기도 했었고, 이때가 아니면 언제 또 은사님들과 함께 같은 공간에서 일해보나 싶어서 묻지도 따지지도 않고 당연히 모교로 가야지 싶었다. 20%의 걱정이 언제 어떻게 증폭될지 몰라서 약간 조마조마하기도 했으나, 실습 기간까지는 약 6개월의 시간이 남았으니 그때가 되면 내가 지금보다 더 성숙해져서 실습이 주는 긴장감 정도는 가볍게 넘길 수 있는 여유만만한 어른이 되어있지 않을까 기대했다. 그 기대는 반은 틀리고 반은 맞았다. '반은 맞고 반은 틀려'라고 쓰는 게 이 표현의 일상적인 쓰임일 텐데, 맞고 틀림의 순서를 바꾼 것은 의도적인 재배치이다.

이 흐름을 타고 '반은 틀린' 이야기를 먼저 해야 옳을 것이다. 4월 28일이 실습 시작일이었는데, 2주 전부터 불안감에 휩싸였다. 내가 잘 해낼 수 있을 것 같지 않았다. 불안은 고정적인 실체로서 존재하는 게 아니라, 원인과 결과라는 두 극 사이에서 이리저리 요동치는 성가신 녀석이다. 원인에 옮겨붙기도, 결과에 옮겨붙기도 하며 나에게 혼동을 준다. 불안해서 결과가 이 모양인 건지, 아니면 결과가 이 모양이라서 불안한 건지. 바보가 되어버린 양 불안해서 불안해—라는 식의 동어 반복을 일삼게 한다.

기질적으로 덤덤하여 매사에 '그냥 하면 되지, 도대체 뭐가 걱정이냐'라는 말을 쉽게 내놓는 이들을 나는 아주 미워하면서도 부러워한다. 나는 내적 긴장도가 매우 높은 사람인데, 선명히 기억조차 나지 않는 어린 시절부터 그러했다. 내적 긴장도가 높은 건 예민한 감수성과도 관련이 있다. 대수롭지 않게 넘길만한 일도 일단 감각 기관에 자극으로 감지되면, 두어 번 더 곱씹으며 본질을 찾아 들어가는 식으로 반응한다. 감수성(感受性)의 사전적 의미는 '외부 세계의 자극을 받아들이고 느끼는 성질'인데, 나는 외부 세계의 자극에 너무나 취약하여 늘 쪼그라든 심장을 안고 몸에 잔뜩 힘을 준 채로 살아가는 그런 타입의 사람이다.

모교는 내 꿈을 키워준 곳이며, 여러 은사님을 만나게 해주었다는 점에서 고맙고 뜻깊은 곳인 게 분명하다. 그러나 그곳의 치열함은 나의 감수성이 풍부하다 못해 '폭발'하는 상태에까지 이르게 했다. 우스꽝스러운 표정을 짓고 까불며 놀던 친구들은 성적표가 나오는 날이면 얼굴 없는 경쟁자가 되었다. 네 고민보다 내 고민을 더욱 크게 느끼며, '내가 세상에서 제일 힘들어'가 기정사실이 되곤 했다. 입시를 견디며 이전의 당당함을 잃어본 사람은 비단 나뿐만이 아닐 것이다. 무식이 용감하다고, 초등학생 때에는 우리 모두 나는 하버드에 갈 거라고 이야기하지 않는가? 무식이 조금씩 깨어질 때 그 틈으로 두려움이 깃든다. 안 될 수도 있다는 가능성을 피부로 느끼며 잃어간 자신감은 좀처럼 쉽게 돌아오지 않았다.

  엎친 데 덮친 격으로 고등학교 졸업과 동시에 코로나19 사태가 터졌다. 몸으로 직접 부딪치면서 이전의 부정적인 기운을 내보내고, 새로이 체득해야 하는 것들이 있는데, 비움과 채움의 적절한 순환이 이뤄지지 않으니 계속 안으로, 안으로 곪기만 했다. 원하던 대학에 원하던 전공으로 입학했으나 비대면으로 강의를 들어야 했고, 동기, 선후배와의 만남을 갖기도 어려운 실정이었다. 3학년이 되어서야 대면으로 학교에 다닐 수 있었다. 뜻이 맞는 학우들과 만나 탐구 공동체, 밴드 동아리 등의 활동을 하며 활기를 되찾는 듯했으나, 그 활기 역시 영구적인 것은 아니었다. 교육대학원에 진학하면서 또 다른 전환을 받아들여야 했기 때문이다.

  교육대학원은 나와 어울리는 자리가 아닌 것 같았다. 기대와는 달리 교육대학원에는 '전우'로 느껴지는 사람이 많지 않았다. 얼마간 상황이 비슷한 이를 만나도 생각하는 것이나 목표하는 바까지 비슷하지는 않았다. 교사로 일하거나 다른 직장을 다니면서 대학원 수업까지 소화하시는 분들의 하루와 나의 붕 떠버린 하루를 비교하지 않을 수 없었다. 강의는 늦은 오후부터 시작되었고 그 이전의 시간까지는 나에게 강제

된 일이 없었다. 배부른 무료함에서 벗어나고 싶었다. 일찍 일어나 운동하고, 급히 씻고 밥을 먹은 뒤 바로 학교 열람실로 가 강의 시작 전까지 공부하기. 전공서를 읽고, 문학 작품 분석 리스트를 정리해 보기도 하고, 가르치는 학생들과 수업할 내용을 준비하기도 했다. 나를 좀 바쁘게 만들면 나을까 싶어 과외와 학원 수업 일정을 가능한 대로 늘려보기도 했다.

'하루하루 열심히 살기'를 목표로 했지만 그렇게 한다고 해서 마음 속 불편감이 아주 없어지는 것은 아니었다. 실속 없이 종종거리며 나다니기만 하는 것은 아닌가 싶었다. 당장 눈앞의 것만 충실히 처리해 가며 살아도 모자랄 인생이란 걸 알지만, '내 나름의 열심'과 '진짜 열심'의 간극에서 헤매었다. 남들은 학교를 벗어나 또 다른 사회로 진출한다는데, 자꾸만 학교로 회귀하는 내 모습이 어딘가 폐쇄적인 것 같다는 느낌마저 들었다.

지난한 과정의 뜻하지 않은 부산물로 놓인 어정쩡한 어른, 그게 바로 실습 직전의 내가 마주한 나의 모습이었다. 교육 실습이 주는 긴장감 정도는 가볍게 넘길 수 있는 어른이 되어있기를 바랐던 기대는 반은 틀리게 되었다. 실습이라는 전환점을 지나고 난 뒤인 지금은, 그때의 조급함과 불안이 '나다움'을 잊고 있었던 데에서 비롯되었다는 것을 안다. '그래, 나 원래 이런 사람이었지'하고 깨닫게 되는 순간들이 많았다.

정말 잘하고 싶었고, 그렇기에 가장 걱정이 많았던 수업 시연은 교육 실습 3, 4주차에 이루어졌다. 2학년 현대 시 수업을 맡아, 2차시씩 여섯 반에 모두 들어갔다. 교과 담당 선생님께서 지정해 주신 작품 목록 중에서 「성에꽃」을 골랐고, 연계하여 수업하고 싶은 작품으로 「사평역에서」를 직접 선정했다. 내가 끌고 가고 싶은 수업의 테마는 크게 두 가지였다. '노래'와 '연민'이 바로 그것이다. 「성에꽃」과 「사평역에서」는 모두 소외된 이들에 대한 연민을 노래한 시이다. 우리는 등하굣길, 출퇴근길 할 것 없이 늘 이어폰을 두 귀에 꽂고 노래와 물아일체가 되어 살지만, 노래의 가사 격인 시가 교과서 위에 글자로 나타난 것을 마주할 때는 다소 서먹함을 느낀다. 이러한 거리감을 없애고, 시를 친숙하게 느끼어 궁극에는 문학에서 감동을 느낄 수 있기를 바라며 시는 원래 노래를 부르기 위한 것이었음을 소개했다.

그 과정에서 유다빈밴드의 「백일몽」 무대 영상을 보여주며—나의 사심이 잔뜩 담긴 선곡이었다—가사를 함께 음미하고 그에 대한 감상을 공유하는 시간을 가졌다. 영상에 달린 댓글들도 짧게 읽어주었는데, 댓글 속 사연들이 꽤 감동적이어서 어쩌면 노래보다도 더 우리의 심금을 울리는 것 같았다.

내가 갈 곳은 어디도 없지만
정처 없이 갈 곳을 헤매이죠
병들고 미운 마음
돌을 마구 던지며 울었어요
여전히 속뜬 마음
재가 되어 나리는 하늘
또 늦어지는 나의 발걸음
그늘진 모양조차도 싫은 날

- 유다빈밴드, 「백일몽」 中

멜로디도 멜로디이지만 사람들은 우리의 일상에 맞닿아있는 가사에 공감한 것 같았다. 나의 수업을 듣는 학생들도 평범한 일상에 건네는 관심의 소중함에 대해 알게 되기를, 내가 전하는 시 두 편으로 인해 공명할 수 있기를 맘속 깊이 바라며 1차시 수업을 시작했다.

「성에꽃」의 화자는 평범한 사람들의 입김과 숨결이 차가운 유리창에 닿아 생긴 성에를 '성에꽃'이라 하며, '번뜩이는 기막힌 아름다움'이라고 표현한다. 그리고 그 아름다움을 자리를 옮겨 다니며 이마를 대고 본다. 그냥 지나칠 수도 있는 민중의 흔적에 주의를 기울이는 것이다. 작품의 끝에 가서는 '면회마저 금지된 친구'의 '푸석한 얼굴'이 유리창에 어리는데, 이것은 1980년대를 살아낸 민중의 얼굴이며 성에꽃과 유기적으로 연결된다. 지식의 전달을 빼놓을 수 없기에 시대적 배경과 표현법에 대한 분석적인 설명을 보태기도 했지만, 우리의 삶을 향한 애정을 동력으로 전개되는 시의 성격에 주목하고 싶었다.

2차시에 수업한 「사평역에서」는 앞선 시보다 길이도 길고, 이해하기 어려운 시구가 많아서 나의 말이 많아지고 빨라졌다. 하지만 그 안에서 내가 나누고 싶었던 것은 단 하나, '삶의 속성'이었다. 작가는 삶을 무엇이라고 보았으며, 우리는 그걸 어떻게 읽어내어 하루하루에 녹여낼 수 있을까 하는 것이었다.

산다는 것이 때론 술에 취한 듯
한 두름의 굴비 한 광주리의 사과를
만지작거리며 귀향하는 기분으로
침묵해야 한다는 것을
모두들 알고 있었다

인생은, 실제로 그러하지 않을지라도, 술에 취하여 고향에 가는 기분으로 조금은 즐거운 체해야 살아진다. 살기 위해 자기 자신을 속이는 거다. 아닌 척해야 살아질 때가 있으며, 아는 것도 모르는 척하며 입을 다물어야 큰 해를 입지 않고 조용히 지나가는 때가 있다. 침묵은 아이보다 어른의 것에 가깝다. 학생들에게 이 대목을 설명할 때 나름 유머를 발휘하고 싶어서, 열여덟의 학생들과 스물다섯의 나를 같은 연령대로 묶어 '우리'라는 단어를 익살맞은 눈짓, 손짓을 사용해 특히 강조했다.

"'우리'는 아직 어려서 힘든 일이 있으면 부모님께, 선생님께 투정도 부리고, 옆의 친구에게 하소연해도 되지만, 어른들은 그렇지 않죠? 어떤 어려움도 묵묵히 감당해 내며 우리를 키워내시는 부모님의 모습을 떠올리면 시에서 말하는 침묵의 의미가 와닿을 거예요."

정말 고맙게도 아이들은 '어린' 교생쌤식 유머에 작게 웃어주었고, 고개를 끄덕이며 어른의 침묵에 대해 깊이 생각해 보는 것 같았다.

실습이 끝나갈 즈음에 고등학교 3학년 때 담임 선생님께서 점심을 사주셨다. 함께 식사하며 선생님께서는 당신의 즐거움을 공유해 주셨다. 맘대로 되지 않는 성적 때문에 우울하고, 집에서는 엄마한테 혼나고, 다 때려치우고 싶은 마음이 들다가도, 학교에 나와 친구들과 장난치다 와르르 웃으며 한껏 풀어지는 아이들의 순수한 모습. 그 모습에서 학교의 존재 의미를 찾는다고 하셨다. A의 이마에 난 대왕 여드름을 짜주겠다며 한 명이 달려들면, 어디선가 튀어나온 또 다른 한 명이 양쪽 팔을 붙잡고 그 재미난 장난에 동조한다. 가뜩이나 시험 기간이라 스트레스 받아 죽겠는데, 피부까지 뒤집어져 잔뜩 풀이 죽었던 A의 얼굴에는 이내 커다란 웃음이 번지고 종전의 우울함은 아무것도 아닌 게 된다. 그 웃음은 주변에까지 퍼져 반 전체를 물들인다. 아이들은 잠시 고단함을 잊는다. 이 모습은 '들뜬 기분으로 고단함을 잊고 묵묵히 인생길을 걸어가는 어른들'의 모습과 크게 다르지 않다. 학교는 현실이기만 해서는 안 된다. 일시적인 들뜸이라도 존재할 수 있는 공간이어야 하며, 그러한 공간을 만드는 데에 일조하는 교사가 된 미래의 나를 상상해 본다.

> 자정 넘으면
> 낯설음도 뼈아픔도 다 설원인데
> 단풍잎 같은 몇 잎의 차창을 달고
> 밤 열차는 또 어디로 흘러가는지

오래도록 내린 눈은 온 세상을 하얗게 덮어버린다. 밝은 태양 빛 아래 선명하게만 보이던 어제의 것들은 자정 넘어 오늘이 되면 눈에 덮여 보이지 않게 된다. 낯설음과 뼈아픔이라는 고된 감정도 내일이면 결국 과거가 된다. 그 어떤 괴로움도 그리움으로 미화시켜 버리는 시간의 흐름을 타고 인생이란 밤 열차는 계속 앞으로만 나아간다. 분명 내가 소유한 내 인생인데, 우리는 밤 열차가 또 어디로 흘러가는지 종잡을 수 없다. 과거는 지나가고, 미래는 알 수 없다는 삶의 속성은 너무 당연해서 뻔하게까지 느껴지지만, 우리는 이 뻔한 진리를 종종 잊곤 한다. 기쁨이든 슬픔이든 결국 지나가는 것에 불과하다는 사실을 잊은 채 과도히 집착하다가 순간을 누리지 못한다. 미래는 내가 계획한 대로 흘러가는 게 아닌데, 내 힘으로 어떻게든 내가 원하는 방향으로 끌고 가겠다고 용을 쓰다가 제풀에 지쳐 주저앉기 십상이다.

> 그리웠던 순간들을 호명하며 나는
> 한 줌의 눈물을 불빛 속에 던져 주었다

'침묵해야 하는 삶', '낯설음도 뼈아픔도 다 설원이 되는 삶', '어디로 흘러가는지 알 수 없는 삶'. 죽 늘어놓고 보니 더 쉽지 않다. 삶은 이렇게 쉽지 않은 모양새이고, 이런 모양새인 삶을 살아내고 있는 우리를 향해 화자는 '한 줌의 눈물'을 불빛 속에 던져 준다. '눈물'은 불빛을 더 활활 타오르게 하는 '톱밥'의 메타포이다. 우리의 찬 몸을 데워주는 따뜻한 위안이자 연민이다.

2차시 수업을 마무리하면서 다음과 같은 질문이 적힌 슬라이드를 칠판에 띄웠다.

> 우리 삶 속에도 '성에꽃'처럼 우리 삶의 흔적을 나타내는 대상이 있나요? '톱밥'처럼 내게 위로를 주는 대상이 있나요? 나의 '성에꽃'과 '톱밥'은 무엇인지 생각해 봅시다.

서로 이야기 나눌 수 있는 시간을 주고, 몇몇 학생들의 발표를 들어보았다. 예전에 어떤 노래를 즐겨 들었는지를 보면 당시의 상황과 기분을 생생히 떠올릴 수 있기 때문에 '플레이리스트'가 자신의 성에꽃이라고 말한 아이. 부모님과 매년 집 벽에 기록한 '키 눈금'이 성에꽃이라고 말한 아이. 여기저기 많이 신고 다녀서 닳아버린 '애착 신발'이 성에꽃이라고 말한 아이. 국어 선생님이 톱밥과도 같은 존재라고 이야기하길래 그 이유를 물으니, 문학으로 사람에 대해 말하고, 삶의 따뜻함을 전달해 주는 모든 국어 선생님들이 곧 세상의 톱밥이라고 대답해 준 아이. 시원섭섭한 마음으로 들어간 마지막 열두 번째 수업에서는, 종일 기다리다가 찾아온 7교시 세민쌤의 문학 수업이 오늘의 톱밥이라는 예쁜 한마디가 나에게로 와 닿았다. 참으로 사려 깊고 대견한 말을 수줍은 목소리에 담아 건네던 풋풋한 순간들을 기억한다. 꽤 멋진 멘트를 날린 친구에게 제법인데—하고 호응해 주던 그 발랄한 웅성거림을 기억한다. 내 수업을 듣고 교사가 되겠다는 꿈을 굳혔다고 말해주는 귀여운 아이들도 있었는데, 그 감격스러운 순간들은 몇 번 더 꼭꼭 접어 내 마음속에 저장했다.

    교사가 되기 위해 통과해야 하는 관문이 남아 있는 풋내기 대학원생일 뿐이지만, 교육 실습을 통해서 정말 오랜 꿈을 이룬 기분이었다. 완전한 목표 달성이 아닌 살짝 맛본 정도일지라도 이 경험이 앞으로 나를 오래도록 살릴 것임이 분명하다. 교생의 수업 시연은 이벤트성 수업이기 때문에, 현장에서 늘 이런 상호작용이 일어나기를 기대하기는 어렵다. 학급당 주 4회 이상의 수업을 들어가면서, 매번 스토리텔링으로 억지 감동을 만들어낼 수도 없을 것이다. 현실과 거리가 먼 꿈같은 한 달이었지만 진심은 통한다는 것, 나도 하면 할 수 있다는 것을 경험하고 나니 크게 두려웠던 미래가 조금은 덜 두려워졌다.

    이렇게 교육 실습에 대한 내 기대는 반은 맞은 채로 매듭지어졌다. 다 놓고 도망가고 싶다고 생각했던 4월, '어떻게, 한번 잘해볼까?'하고 핸들을 고쳐잡은 5월. 한 달 남짓한 짧은 기간 동안 단편 성장 서사를 쓸 수 있었던 건, 불완전한 '나'를 목격한 수많은 '너'가 있었기 때문이다.

> - 선생님하고 문학 수업한 것, 저는 그 두 시간이 너무 재밌고 소중해서 다 기억에 남을 것 같아요.
> - 선생님의 수업을 듣고 '아 문학을 이렇게 재밌게 해석하면서 공부할 수 있구나'라는 걸 알았어요.
> - 진짜 수업 시간에 무언가를 배워간다는 느낌을 받았어요. 좀 감동적이었습니다.
> - 자신감 넘치는 목소리와 행동을 보며 저도 나중에 선생님 같은 선생님이 되고 싶다고 생각했어요.
> - 선생님이 수업 시간에 들려주신 노래 「백일몽」 가사가 너무 좋아서 계속 듣고 있어요.
> - 저의 2학년 1학기 기억에는 늘 선생님이 계실 거예요.
> - 저에게 꿈을 선물해 주신 박세민 선생님, 감사하고 사랑합니다.

착하고 열심인 아이들에게 나의 열심이 가닿았다. 서로 주파수가 맞은 덕에 공명을 경험했고, 아이들이 나라는 사람을 그들의 눈과 귀로 예쁘게 보고 들어주었고, 손과 입으로 표현해 주었다. 앞의 장에서는 격동하는 사람에 뜻을 두기보다 내 안에서 변하지 않는 것을 찾겠다고 말했다. 하지만 프로 교사라는 목표를 향한 여정에 내가 나를 온전히 이해하겠다는 목적을 동반하기 위해서는 수많은 너의 도움이 필요한 법이다.

우리는 서로의 삶을 대신 써 주고 있는 것인지도 모른다. 내가 살아간다는 것은 네가 살아간다는 것 위에 적혀져 있다. 나는 너를 읽는다. 너는 제 몸으로 나를 적어간다. 나는 너의 양피지이다.

- 이장욱, 「메모들. 2007년. 초겨울」中

감명 깊게 읽었던 이장욱 시인의 메모가 떠오른다. 학생들이 나라는 사람을 그들의 눈빛으로, 목소리로 적어주었다. 나도 나를 잘 모르는 것 같은 때는 너의 따뜻한 목격이 절실해진다. 권태로운 일상의 반복 속에서 나다움을 잊어갈 때, 너의 따뜻한 눈빛으로 적어 내려간 '나 해설서'를 마주하는 것만큼 큰 힘이 되는 것은 없다. 학교로부터, 아이들로부터 이렇게 많은 것을 얻어간다. 이제는 내가 나의 몸으로 아이들의 삶을 써주고, 그들이 나를 통해 자신을 읽을 수 있도록 하고 싶다.

4장
타인은 천국이다.

　소설에는 주인공이 있다. 주인공의 선택과 역사, 시시각각 바뀌는 그의 내면이 최고로 중요하게 다루어진다. 그래서 소설을 읽다 보면 주인공이 남들과는 달리 대단히 속 깊은 인물처럼 느껴지고, 주변 인물들은 생각 없이 아무렇게나 쉽게 쉽게 툭툭 말하고 행동하는 것처럼 보인다. 주인공 중심으로 돌아가는 이야기 진행을 따라가다 보면, 결국 독자는 주인공과 한 몸이 되어 주인공의 편을 들게 된다. 그런데 우리는 자아가 비대한 사람에게 '네가 무슨 드라마·소설 속 주인공인 줄 알아?'라고 핀잔을 주기도 한다. 이 말을 바꿔 생각해 보면, 이 세상에는 소설 속 세계와 같은 완전한 주인공은 존재하지 않는다는 뜻이 된다. 내 인생의 주인공은 나이지만, 남 역시 그 자신의 인생의 주인공일 것이다. 남의 내면까지 상세히 묘사하여 이해하려 드는 소설은 없기에, 내 인생의 주인공인 나의 행동만이 나름의 정당성을 갖춘 특별한 것이라고 착각하기 쉽다.
(후략)

- 필자의 블로그 포스팅 中

    2025년 새해를 맞이해 블로그에 포스팅했던 글의 한 귀퉁이를 가져와 보았다. 내가 쓴 글을 내가 인용해 보는 경험은 처음인데, 참 재미있다. 새해 첫날의 나는 위의 글을 다음과 같이 끌고 갔다. 모든 사람이 숙고하며 삶을 살고 있고, 내가 나의 인생을 안간힘을 써가며 살아가고 있듯이 남도 마찬가지라는 걸 서로 인정해 주면 좋겠다고. 그러면 무시와 갈등의 자리를 이해와 관용이 대체할 수 있지 않을까 생각한다며 꽤 긍정적인 결론과 함께 글을 끝맺었더랬다.
    올해를 조금 더 살아보면서는 각자 모두 서로 다른 이야기 속의 주인공이라는 세계관이 사무치게 외로울 수 있겠다는 생각이 들었다. 생각했다기보다는 몸으로 느꼈다. 우리 모두 주인공으로서 그저 각자의 소설 속에 살아가고 있을 뿐이라고 단순히 인정해 버린다면, 그건 너무 외로운 게 아닌가. 같은 땅을 밟고, 같은 공기를 마시며 살아가고 있는 우리가 그저 완벽한 타인에 불과한 관계라고 한다면, 그건…
    3장에 대학에서 밴드 동아리를 한 경험이 있다고 언급하였다. 우리는 1년에 걸쳐 한 번의 공연을 올리기 위해 신중히 선곡하고 합주한다.

음 이탈이 날까 염려하며 같은 노래를 부르고 또 부른다. 박자가 약간이라도 어긋나지 않는지, 특정 악기의 소리가 너무 큰 것은 아닌지 예민하게 귀를 기울이며 합을 맞춘다. 약간 부끄럽지만 멘트와 손동작까지 미리 연습해 본다. 이렇게 열심히 준비했는데 보러오는 관객이 없다면? 그건 온전한 의미의 공연이라고 할 수 없을 것이다. 어떻게 하면 우리를 보러 와준 사람들을 즐겁게 해줄 수 있을까를 고민했다. 맡은 역할을 실수 없이 해내기에도 급급한 아마추어 밴드가 갖기엔 과분한 고민이었을지도 모른다. 하지만 나와 관계없는 남의 무대에 관객이 되어준다는 게 쉬운 일이 아님을 알고 있었기 때문에, 그들에게 작은 웃음이나마 주고 싶었다. 공연 보러 오기를 잘했다고 느껴주었으면 했다.

주인공이 되는 나, 관객이 되는 너. 주인공이 되는 너, 관객이 되는 나. 크게 달라 보이는 세상이지만 이 세상들은 모두 얼마간 겹쳐있다. 여러 개의 원이 교집합을 이루고 있는 벤 다이어그램을 상상해 본다. 제각각의 색을 가진 원이 섞이어있는 세상에서 교사는 기꺼이 관객이 되어주기를 자처한 사람들이다. 나를 봐주는 이 하나 없어 혼자인 것만 같을 때, 사무치는 외로움이 밀려든다. 그 외로움을 능숙하게 다룰 수 없는 어린 학생들에게 교사가 조금 적극적인 관객이 되어줄 수 있지 않을까. VIP석 맨 앞줄에 앉아 힘찬 응원의 박수를 보내며 내가 너를 지켜보고 있다고, 관객석이 여기에 있다고, 그 존재감을 톡톡히 드러내어 주면 어떨까.

    난 나의 너를 믿어 You're stunning, so stunning
    Go on 이 느낌 이어가
    Ballad, Disco, Hip-Hop 상관없어 너 끌리는 대로 해

좋아 그건 또 그대로 I'm stanning, just stanning You, I trust my you
가, 너만의 승리를 이뤄
I'm stanning, just stanning you

― 아이유, 「관객이 될게」 中

    기꺼이 관객이 되어주는 삶에서 순수하게 즐거울 수 있는 그런 사람으로 남고 싶다. 너희는 너희들의 승리를 이루고, 나는 너희들을 통해 또 나의 승리를 이루는 거다. 순수한 즐거움이란 순수한 대상을 대할 때 비로소 도달할 수 있는 영역이리라. 교사는 영원히 순수를 누릴 수 있는 유일한 직업이라는 사실을 아주 최근에서야 깨달았다.
    동심의 세계에 머무를 수 있다는 걸 교사가 되려는 이유 중 하나로 꼽는 사람들이 꽤 많을 것이다. 하지만 나는 그렇지 않았다. 아이들의 순수함을 교사라는 직업의 특이점으로 여겨본 적이 없었다. 고등학생 때부터 교사가 되고 싶었으므로 처음 꿈을 가졌던 때는 나 역시 애였다. 따라서 아이들의 깨끗함, 순수함을 제3자의 입장에서 객관적으로 귀하다고 여길 수 없었다. 대학에 진학해서도 비슷했다. 그때도 나는 그냥 계속 학생이었다. 꾸준히 아이들을 만나고 가르쳤지만 내가 뚜렷하게 인식하는 나의 정체성은 학생이었고, 중고등학생들과 내가 크게 다를 바 없다고 느꼈다.
    더 많은 시간이 흐른 지금, 직업을 가져야 할 때가 코앞으로 바짝 당겨온 지금에 와서는 경험의 축적으로 인해 나의 시각이 많이 바뀌었다. 아이들이 내게 보여주는 순수함이 더욱 특별히 보이기 시작했다. 얼마 전까지는 아이들과 같은 수준에서 해맑게 소꿉놀이하고 같이 노는 입장이었다면, 이제는 '이 소꿉놀이가 진짜 귀한 거였구나!' 하고 몇 계단 위에서 굽어보며 놀랄 수 있게 된 것이다.

너희의 즐거움을 나에게도 전해주려는 그 모습이 참으로 귀하다. 메신저로 생일 축하 노래를 불러주면서 생신이라고 하기엔 너무 젊으신 것 같아서 '생일(신) 축하합니다'라고 적었다고 귀여운 한마디를 덧붙인다. 친구랑 베이킹 클래스에서 쿠키를 만들었는데, 선생님 드리려고 따로 포장해 왔다며 수줍은 미소로 토끼 모양, 꽃 모양의 쿠키를 건넨다. 교생 실습 마지막 날, '앞으로 좋은 일만 가득하길 바랄게요! Bon Courage!'라고 적은 포스트잇을 출석부 위에 붙여주고 후다닥 교실로 들어간다. 쉴 때 기분 좋게 읽을 수 있는 분위기의 시집을 선물하고 싶었다며, 연분홍색 표지의 책자와 초록색 봉투에 담은 편지를 건네준다.

귀하다는 걸 알았으니까 더 소중히 대해야지. 훌륭한 주인공이자 관객이 되어 그 순수함을 마음껏 누려야지.

나가며: a priori

교직에 대한 서사에 집중하느라 내 인생이란 퍼즐 속 가장 크고 무거운 조각을 슬쩍 나중으로 빼두었다. 영원은 없다고 생각하면서도 영원을 찾아 헤매는 나에게 실로 영원하고도 본질적인 가르침을 주신 분들이 있다. 그들이 빚어낸 반짝이는 조각을 수줍게 꺼내어 본다.

2장에서 스치듯 어려서부터 부모님 옆에 붙어 앉아 공부하는 습관을 들인 바 있다고 이야기했다. 글에서는 짧게 지나쳤지만 사실 그 습관이 나에게는 어마어마한 힘이고 능력이 되었다. 엄마, 아빠는 늘 내 옆에서 나와 함께 공부해 주셨다. 엄마는 바쁜 와중에도 틈나는 대로 나와 함께 도서관에 가 몇 시간이고 함께 참고서를 읽어주셨다. 아빠는 시기마다 내게 필요한 책을 추천해 주기 위해 직접 책을 다 읽어보신 후, 이렇게 읽어보는 게 어떻겠냐는 조언과 함께 책을 선물해 주셨다. 인생의 변곡점을 지날 때마다 읽을거리를 찾아 나서는 태도를 아빠로부터 배웠다.

그 모든 가르침이 당연한 줄 알았던 어린 나는 책 읽기 싫다고 투정을 부리기도 했고, 책상 앞에 한 시간도 채 앉아 있지 못하고 도넛을 사달라고 엄마를 조르기도 했다. 하얀색 가루로 뒤덮인, 달콤한 딸기잼이 들어있는 도넛이 나의 최애 간식이었다. 작은 눈송이가 흩날리던 날, 털 귀마개 헤드셋에서 흘러나오는 Westlife의 「My Love」를 들으며 엄마 손을 꼭 붙잡고 도서관으로 향했던 어린 날의 장면이 그립고도 그리운 모양으로 아련히 떠오른다.

'한결같음'에 커다란 가치를 두는 나의 성향은 늘 변함없는 모습으로 옆에 계셨던 부모님의 영향이라 하겠다. 내가 세상을 제대로 인식하기 전부터, 선험적 의미의 선생님으로서 이미 곁에 존재하셨던 부모님 덕분에 나는 가르침을 나만의 방식으로 정의 내릴 수 있게 되었다. 선생님에 대한 글을 쓰면서 나의 영원한 선생님을 언급하지 않을 수는 없는 노릇이다. 함께 책장을 넘기며 쌓아온 영겁의 세월이 선생님이 된 나의 모습에 투영되어 오래도록 은은한 빛을 발할 수 있기를 바랄 뿐이다.

시작의 끝에 서서
지나간 처음을 물끄러미 돌아다본다.

또 다른 시작으로 도약할 준비를 한다.
쏟아낸 진심을 지키겠다는 마음으로

세상을 마주하여
조금은 초연해진 나를 본다.

박정빈
교육대학원
교육방법 석사과정

찬란한 나의 바다

순간이 영원이 될 때

순간이 영원이 될 때가 있다. 끊임없이 흐르는 시간 속에서 찰나가 사진처럼 남아, 오랫동안 기억될 때가 있다. 당신에게도 그런 순간이 있는가? 아직도 난, 그 시간에 갇혀있다.

왜 그곳이 자꾸 안 잊히는지 몰라

— 이시영, 「마음의 고향 2」 中

어느 순간이 계속 마음에 남아 잔상처럼 기억될 때가 있다. 오랫동안 떠나지 못하고 마음에 남는 것들이 있다. 순간일 수도, 사람일 수도 있다. 나에게 여름은 의미 있는 계절일 때가 많았다. 뜨거운 여름날의 아지랑이가 나의 열정과 비슷하달까.

그 해는 내가 두 번째 수능을 준비하던 때였다. 나는 6월 모의고사부터 재수 학원을 다녔는데, 아침 일찍 학원에 가고 저녁 늦게 집에 돌아왔기 때문에 여름이 흘러가는 것을 창밖으로만 봤었다. 그래도 행복했다. 하루 종일 온전히 나에게 집중하며, 글을 읽고 문제를 푸는 것이 좋았다. 외부의 혼란 없이, 내 마음의 목소리에 귀를 기울일 수 있어서 좋았다. 아무 걱정 없이 공부만 하는 것이 이렇게 즐거운 것임을 몰랐다. 혹자는 재수를 했을 때가 너무 힘들었다고 하는데, 나는 재수를 했을 때가 인생에서 가장 행복한 순간 중 하나로 기억되고 있다. 가족들이 보기에도 내가 괜찮아 보였는지, 내 동생도, 내 사촌 동생들도 줄줄이 재수를 했다. 우리 집안의 재수 유행은 나로 인해 시작되었던 것이다. 시간이 지난 뒤에야, 부모님의 넓은 그늘 아래에서 공부에만 집중할 수 있는 것이 얼마나 큰 행운인지 알게 되었다. 공부에만 집중하는 것조차 쉽지 않을 때가 있기 때문이다. 돈을 벌어야 한다거나, 복잡한 가정사가 있다든가, 교우 문제가 있다든가. 그땐 몰랐는데, 시간이 지나고 나서보니 공부에만 집중할 수 있었던 순간이 인생에서 그리 많지 않았다.

여름은 동사의 계절. 뻗고, 자라고, 흐르고, 번지고, 솟는다
– 이재무, 「나는 여름이 좋다」 中

나의 배움은 현재 진행형이다. 아직도 대학에서 배운다. 나는 친구들보다 대학에 오랫동안 있으면서 대학을 상아탑이라고 부르는 이유를 깨달았다. 상아탑(象牙塔, Ivory Tower)은 문자 그대로 코끼리의 상아로 된 탑이라고 해석할 수 있다. 그러나 현대에서는 대학을 상아탑이라고 부른다. 대학을 상아탑이라고 부르는 이유는 이상향을 지향하기 때문이고, 순수하게 학문을 하는 곳이기 때문이다. 정의에 귀를 기울이며, 진

리를 좇으며, 학문과 예술에서 영혼의 자유로움을 느끼는 곳이다. 나는 관심 분야를 능동적이고 적극적으로 탐독할 수 있는 곳이 대학이라고 생각한다. 대학은 그래야 한다.

내가 대학에 오랫동안 있기를 희망하는 이유는 '순수한 열정'을 잊고 싶지 않아서이다. 대학에서 만난 친구들을 보면, 역동적인 여름처럼 생각이 유연하며, 무엇이든 할 수 있다고 믿는다. 대학에 있으면 시간이 멈춘 것 같은 기분이 든다. 대학은 외부의 복잡한 권력, 탐욕, 갈등, 무질서한 혼돈에서 한 발짝 떨어진 채로 고대부터 전해져 오는 지혜를 향유한다.

배움의 즐거움을 좇으며 숨 가쁘게 달려왔더니, 고려대학교 교육대학원에서의 시간도 6개월이 채 남지 않았다. 나는 교육으로 더 나은 세상을 만들어보자는 큰 뜻도 없었고, 교육구국(敎育救國)의 이념을 펼쳐 국가에 이바지하겠다는 마음은 더욱 아니었다. 대학에서만 느낄 수 있는 순수한 자신감, 무구한 용기, 다듬어지지 않은 열의가 좋았다. 대학에 속해 있어야 그러한 것들을 오래 간직할 수 있다고 생각했다. 그런 마음에서 진학한 것이 고려대학교 교육대학원이었다. 다소 엉뚱한 이유로 진학한 대학원이었지만, 그 속에서 배운 것들은 결코 가볍지 않았다. 순간이 영원이 되는 것과 같은 시간 멈춤은 좋아하는 일을 할 때 느낄 수 있다. 많은 사람들은 즐거움을 느낄 때 시간 왜곡을 경험한다고 한다. 내가 사랑하는 것들에 몰입했던 경험은 짧지만 강렬한 기억으로 남아있다. 그래서 여러 현실적인 어려움에도 불구하고 나는 내가 원하는 공부를 하기로 했다.

들었던 수업 중에, 교육학과 손 교수님의 수업이 기억에 남는다. 그분의 강의는 특수 및 경계선 아동의 교육을 지원하고 수업을 설계하는 내용이었다. '문제아'라는 단어를 들으면 어떤 학생이 떠오르는가? 나는 수업 시간만 되면 엎드려서 자는 학생, 끊임없는 혼잣말로 수업을 방해하는 학생, 늘 전교 꼴찌를 독점하는 학생이 생각난다. 나는 학창 시절에 이른바 모범생이었다. 정말이다. 선생님께 잘 보이려 노력했고, 주어진 과제에서 좋은 성적을 내기 위해 노력했다. 교육학을 전공했지만, 늘 모범생이었던 나에게 '문제아'의 타이틀을 달고 있는 학생은 이해하기 어려웠다. '왜 열심히 공부하지 않는 거지?', '왜 선생님께서 슬퍼하실 줄 알면서 그런 말과 행동을 하는 거지?'. 나의 이 고민은 손 교수님을 만나면서 답을 찾았다. 학생들은 나름의 속도로 성장하며, 모두 다른 특성을 가지고 있다. 어떤 학생들은 ADHD, 경계선 지능으로 인한 부진 등 같은 기질로 여러 어려움을 겪는다. 학습의 유연성을 제공하고 학생의 특수성을 파악 후 개별적으로 지원하는 보편적인 학습 설계의 함의를 배웠다. 세상의 모든 부진아들이 낙인 효과(Labelling effect)로 인해 심리적 위축이나 반항으로 이어지지 않도록, 교사는 학생의 가능성과 성장을 보는 희망적인 시선이 필요하다.

    고려대학교 교육학과 박 교수님은 나의 지도교수님이다. 교육공학을 전공하신 그의 영향으로, 나 또한 미래교육과 AI를 활용한 수업에 관심이 많다. 내가 고등학교를 졸업한 지 6년쯤 되었는데 그때와 지금의 학교는 비교할 수 없을 만큼 많은 것이 달라졌다. 학생들은 모두 각자의 태블릿PC를 가지고 있고, 더 이상 종이책으로 공부하지 않는다. 교과목의 경계는 모호해지고 있으며, 창의·융합적 역량이 요구되는 문제의 해결이 학습 목표가 된다. 이는 교육 생태계가 급변하고 있다는 것을 의미한다. 빠르게 변화하는 교육 현장에서 변하지 않는 가치를 다루는 교사가 되고 싶다. 나는 교육 전문가가 되겠다는 내 꿈을 향해 무소의

뿔처럼 나아가고 있다.

　　하고 싶어 하는 것이 있어 그것을 열심히 잘 하고 있다면, 그게 바로 재능입니다.

　　　　　　　　　　　　　- 정호승, 『내 인생에 힘이 되어준 한마디』中

　끝나지 않을 것만 같던 무더운 여름이 갑작스레 끝나는 날이 있다. 순식간에 기온이 낮아져 날이 쌀쌀하다. 이른 아침 코끝에 찬 가을 공기가 느껴지면, 난 항상 수능 시험이 생각난다. 수능 시험은 우리 사회에서 대학 입학시험 그 이상의 의미를 내포한다.
　과거에 수능을 보기로 결심한 우리와 현재에 수능을 공부하는 후배들이 있다. 수능은 우리의 이야기이다. 당신의 수능이 기억나는가? 수능 하나의 눈물과 환호와 노력과 사랑과 추억이 생각날 것이다. 과거의 나는 그리고 지금의 학생들은 수능 시험 단 하루만을 위해 치열하게 공부했고 공부하고 있다. 고등학교 3학년은 버텨야 하는 시기가 아니라 자신의 꿈에 다가가는 시기이다. 1년 뒤, 자신이 되고 싶은 모습을 상상하고, 그 목표에 닮아가는 시간이다. 13시간씩 독서실에서 수능 공부를 하면서도 난 행복했다. 꿈이 있었고, 할 수 있을 것만 같았고, 멋진 어른이 되어 빛나는 20대를 보낼 수 있을 것이라는 희망이 있었기 때문이다. 우리가 수능을 단순한 시험이라고 여기는 것이 아닌, 10대의 끝이자 20대의 시작이며 청춘을 파란으로 물들이는 순간이라고 느끼며 추억하는 이유이다. 나는 언제나, 선배이자 선생님으로서 수능 시험을 준비하는 모든 학생들이 추운 겨울이 지나고 세상에서 가장 행복한 봄을 맞이하길 바란다.

∘ ∘ ∘

제자들아, 많이 긴장되고 걱정되니?

괜찮아, 지금껏 열심히 해왔잖아. 너 자신을 믿고, 너 자신에게 용기를 줘라! 행복하고 즐거운 마음으로 수능 시험을 이겨내길 바란다.

언제나 그랬듯, 또 한 번 최고가 되어라.

2장
작전명 청춘: 교사를 꿈꾸는 모든 이에게

당신에게 힘이 되는 단어는 무엇인가? 혹자는 가족, 꿈, 열정, 사랑이라고 대답한다. 누구에게나 마음이 뒤척이는 순간마다 위로가 되는 낱말이 있을 것이다. 내 친한 친구는 '새벽'이라고 했고, 또 다른 친구는 '조약돌'이라고 했다. 축구를 좋아하는 친구는 '축구'라는 단어에서 용기와 열정, 경기장에서의 뜨거운 함성을 떠올릴 것이다. 이처럼, 모든 사람이 공감하지 않더라도, 나에게 큰 의미가 되는 단어가 있다. 나에게는 '청춘'이라는 단어가 그렇다.

청춘은 한자 푸를 청(靑)과 봄 춘(春)을 쓴다. 그래서 청춘은 문자 그대로 '푸른 봄' 즉, 젊음과 활기가 넘치는 인생에서 찰나의 순간을 말한다. 청춘은 아무것도 가진 것이 없어도 젊음과 꿈이 있는 눈동자 때문에 빛이 난다. 청춘이 되어 선생님을 꿈꾸는 여러분에게, 당신의 청춘이 누군가의 인생을 바꿔줄 수도 있다는 것을 잊지 않았으면 좋겠다.
 사범대학교나 교육대학교 학생으로 교육 실습을 나가 늦은 밤까지 내일의 수업을 준비해 본 적이 있을 것이다. 피곤하지만, 내일 만날 아이들을 위해 부단히 고민한 청춘이었던 당신. 청춘이기에, 아직 갈 길이 멀기에.

> 넓음과 깊음을 가슴에 채우며…
> – 주요한, 「청년이여 노래하라」中

 고려대학교에서 만난 모든 사람들이 소중하다. 그들과 보낸 시간들은 나에게 청춘이었다. 고려대학교는 다른 학교와 달리, 특별한 무언가가 있다. 웅장하고 고풍스러운 캠퍼스 건물도 한몫하겠지만, 그것보다 학생들이 하나 되는 분위기나 진취적이고 정열적인 학문에 대한 태도가 기억에 남는다.
 졸업을 코앞에 두고 고려대학교에서의 시간을 돌아보게 된다. 고려대학교 문과 캠퍼스에 있는 오래된 건물들이 대개 아름답다. 본관 옆에 대학원 건물이 있다. 아주 오래된 건물인데, 건물 외관의 석조 장식과 고딕풍의 디자인이 아름답다. 그 건물 1층에 세미나실이 있다. 나는 세미나실에서 동료들과 책에 대해 토론하고 논쟁했던 순간이 기억에 남는다. '교사가 되는 것이 맞는 것일까?', '다른 길은 없을까?', '내가 선택한 전공이지만, 계속 공부할 자신이 없어.'와 같이 모두가 하는 그런 고민을 오랫동안 곱씹었다.
 내가 가장 많이 다녔던 건물은 운초우선교육관이다. 운초, 우선의 뜻은 기부자 부부의 호(號)이다. 보통 학생들은 간단히 교육관이라고 말한다. 이과 캠퍼스에서 주로 공부했던 내 친구는 끝까지 이 교육관 이름을 헷갈려했다.

나에게는 고려대학교에서 보낸 '청춘의 계절'이 있다. 봄이 되면, 이공계 캠퍼스에 있는 애기능 동산에 가서 좋아하는 친구와 벚꽃을 보았다. 여름이 되면, 중간고사 준비하면서 지친 마음을 입실렌티의 멋진 무대와 노래로 치유했다. 가을이 되면, 고연전에서 붉은 함성을 노래했다. 경기가 이기고 지는 것보다 중요했던 건, 친구들과 했던 어깨동무였을지도 모른다. 겨울이 되면, 민주 광장에서 눈사람을 만들기도 했고, 졸업식에 가서 친구의 졸업을 축하해주기도 했다. 나에게 고려대의 사계는 청춘의 이름으로 오래 기억될 것이다.

고려대학교의 응원가 중에 '청춘예찬'이라는 노래가 있다. 나는 이 노래의 가사를 좋아한다.

> 아 아름다운 사랑. 낭만이 되어라. 어깨를 걸고 하나 된 우리 청춘은 빛난다.

청춘이 빛나는 이유는 많지만, 그 이유들 중에 하나는 바로 함께하는 동료가 있기 때문이다. 임용고시, 교육 실습 등 당신을 힘들게 하는 것들이 많겠지만. 동기와 함께 공부하고 고민을 나누다 보면 어느덧 멋진 교사가 되어 있을 것이다.

> 큰 바다 넓은 하늘을 우리는 가졌노라
> — 김영랑, 「바다로 가자」 中

이 문구는 2018학년도 수능 필적 확인란에 사용된 시의 한 구절이다. 이 해는 내가 첫 번째 수능을 본 해이기도 하다. 이 문구를 다시 찾아 보고 나는 재수를 시작했는데, 그 이유는 나의 무한한 가능성을 담기에는 수능 점수가 너무 낮다고 생각했기 때문이다. 이후 나는 19학번으로 대학에 입학했다. 여전히 나를 담기에는 작은 점수였지만, 졸업 후 나의 오랜 장래 희망인 교사가 될 수 있는 학과에 진학한 것으로 만족했다.

시간은 빠르게 흘러, 2020년에 나는 처음으로 교육 실습을 나갔다. 그때, 만난 담임 선생님은 교사에 관한 나의 모든 태도를 바꾸어 놓았다. 그 선생님은 40대 초반으로 보이는 선생님이었다. 그는 우리를 만난 첫날부터, 정장을 입고 온 동기 남학생에게 화를 냈다. "왜 넥타이핀을 하고 오지 않았어? 아이들을 가까이에서 지도하기 위해 몸을 숙일 때, 넥타이가 아이들의 교과서에 닿으면, 아이들이 불편하겠지!" 21살의 나는 넥타이핀을 가까이에서 본 적도 없었다. 그리고 그는 나에게 "머리카락이 너무 길어. 앞으로 무조건 묶고 와. 아이들을 가까이에서 지도할 때, 아이들은 네 긴 머리카락에 시선을 뺏겨서 네 말에 집중하지 못할 거야."라고 말했다. 어린 나는 '교사가 수업만 잘하면 되지. 기껏 정장까지 갖춰 입었는데. 그렇게까지 해야 하나?'라고 생각했다. 나는 그를 깐깐하다고 생각했지만, 이것이 그가 '교사'라는 직업을 대하는 태도였다. 그는 늘 정장을 쓰리피스로 입고 다녔으며, 왁스로 깔끔하게 머리를 넘기고 다녔다. 수업 시간이 되어 아이들을 가르칠 때면 그는 공부에 필요한 말만 간결하게 말했으며, 사족을 붙이지 않았고 아이들에게 높임말을 꼭 사용했다. 그러나 쉬는 시간에 그는 누구보다 따뜻하고 친근한 선생님이었다. 다른 반에 비해, 학급에서 지켜야 할 규칙도 많았는데. 그 반 아이들은 늘 완벽한 선생님의 모습을 보아서 그런지, 수많은 규칙들을 잘 지켰다.

사실 그 선생님은 교육 실습생 사이에서 깐깐하고 화가 많다고 악명이 높았다. 어떤 선배는 그 선생님의 호통과 까다로움을 이기지 못하고 울면서 뛰쳐나갔다고 한다. 내가 본 그는 철학과 동기가 뚜렷했기 때문에, 분명한 기준이 있었다. 그는 그 기준에 미치지 못한 교육 실습생들에게 화를 냈다. 그는 실습생들에게 몇 가지를 강조했다.

첫째, 수업 시간 반드시 지킬 것.

둘째, 교사다운 옷차림을 보여줄 것. (그는 교생에게 셔츠 단추를 몇 개 더 풀었다고 화를 낸 적도 있다. 나에게는 아이들에게 시선이 분산되니 귀걸이를 하지 말라고 했다.)

셋째, 주어진 것에 최선을 다해 동료 교육 실습생들 사이에서 가장 최고의 결과물을 낼 것.

넷째, 말을 하거나 글을 쓸 땐, 완벽한 하나의 문장으로 서술할 것.

교육 실습생들은 그의 요구가 부담스러웠다. 그들은 고작 21살, 22살의 어린 나이였고 아이들 앞에서 수업하는 것도 벅찼을 것이다. 불만을 품는 동기들도 있었는데, 나는 그가 괜히 멋있었다. 관성적인 돈벌이 수단으로 교사를 하는 것이 아닌, 최고의 모습을 보여주는 전문가 같았다. 나는 그가 요구하는 모든 것들을 성실히 수행했다. 교육 실습 기간은 고작 한 달이었지만, 그때 체득한 수업 방법과 아이들을 대하는 태도는 지금의 '교사 박정빈'을 만들었다. 이후에도 몇 번의 교육 실습을 했고, 나는 최고가 되려 최선을 다했다. 대표 교육 실습생이 되어 공개 수업을 하기도 했으며, 교육 실습 학점에서 A+를 받기도 했다. 내가 그에게 배운 것은 '수업을 잘하는 교사'가 아니라, '철학이 있는 교육 전문가'였다.

그는 실습이 끝나갈 무렵, 자신이 가르쳤던 교육 실습생들에게 자신이 좋아하는 구절이라며 종이를 건넸다. 그 종이에는 '새하얗게 불태워 버렸어.'라는 글귀와 그림이 그려져 있었다. 일본의 권투 만화 『내일의 죠』(카지와라 잇키)에 등장하는 명대사였다. 노력형이었던 주인공이 권투 선수가 되어 최고의 명승부를 보여준 후, 스스로에게 한 말이다. 나도 알고 있는 대표적인 명대사였다. 그는 이 종이를 주며, "다른 사람들에게 나의 능력을 평가받는 순간이 오면, 최선을 다해야 해. 스스로가 새하얗게 불태웠다고 인정할 정도로. 그저 그런 교사가 되지 말자."라고 말했다.

"새하얗게 불태워 버렸어…"

우리가 '그저 그런 직장인'이 되기에는 우리의 청춘이 아깝다. 내가 교사가 되고 난 이후에도 끊임없이 배우고 연구하려는 이유이다. 젊음은 짧고 인생은 길기에, 난 나의 청춘에 모든 것을 걸어보기로 했다. 나는 교육 실습 때 만난 이 선생님과 가끔 안부를 주고받는데, 얼마 전엔 과학 수업 관련하여 장관상을 받았다는 이야기를 들었다. 여전히 배울 점이 많은 열정적인 선배 교사다.

　자신만의 향기와 색을 가진 교사가 되어야 한다. 우리는 보통 그런 사람들을 '전문가'라고 한다. 전문가가 된다는 것은 사회에서 인정받을 뿐 아니라, 나의 자부심과 자긍심을 고취한다. 교육 전문가가 되는 것을 지향한다. 그저 그런 교사가 아니라, 자신만의 강점을 가지고 있는 그런 사람 말이다. 자신이 좋아하고 잘하는 것을 수업에 녹여서 아이들과 함께하는 것이 교사로서 할 수 있는 최선의 수업이라고 생각한다. 사람들은 자신이 좋아하는 것에 집중할 때, 반짝반짝 빛이 난다. 나의 관심사를 타인에게 이야기했던 때를 떠올려보자. 아마도 당신은 살짝 상기된 듯한 목소리로 미소를 띠며 시간 가는 줄 모르고 한참을 말했을 것이다. 교사의 강점이 교과 교육과정과 만날 때, 수업은 생기를 띨 수 있다. 아이들은 수업 시간 동안 당신의 빛나는 눈동자를 보며, 열정과 자신감이 무엇인지 배울 것이다.

　　자라면 뭐가 되고 싶니

　　　　　　　　　　　　　　　- 손택수, 「나무의 꿈」中

　누구나 잊지 못하는 순간이 있다. 그날 밤도 그랬다. 달빛은 고요했지만, 내 마음이 요동쳤다. 내가 교사가 되기로 마음먹었던 순간이다. 교사가 되기로 결심한 순간과 이유는 모두 제각각이지만, 따뜻한 스승이 되고 싶었고 아이들에게 의미있는 순간을 만들어주고 싶었다.

내가 교사가 되기로 처음 결심한 순간은 아주 오래된 이야기이다. 초등학교 5학년 때, 처음 배운 한국사가 너무 재미있어서 집에 돌아와서 마치 선생님처럼 가족들 앞에서 수업했던 적이 있다. "엄마, 오늘 내가 한국사 수업을 할 건데 엄마가 들어줬으면 좋겠어요."라는 나의 말에 엄마는 퇴근 후에 흔쾌히 수업에 참여하겠다고 했다. 그날 저녁, 방구석 한국사 특강이 시작되었다. 내 방에 있던 칠판에 적어 가며 삼국시대를 강의했던 것 같다. 그날의 풍경이 아직도 선명한데, 이층침대에서 엄마랑 동생이 졸면서 내 수업을 들었다. 그 풍경을 내가 사진으로 찍어두었다. 엄마랑 동생은 자고 내 침대에 놓인 여러 개의 인형들만이 내 수업을 끝까지 듣고 있었다. 비록 내 첫 수업은 수강생들 모두가 재수강을 하지 않아 아쉽게 막을 내리게 되었지만 나는 선생님이 되어 수업하는 것이 재미있다고 생각했다.

보통 대학 동기들에게 선생님이 되겠다고 결심한 순간을 물으면 멋진 은사님을 만났을 때라고 대답한다. 어두웠던 사춘기 소년, 소녀에게 희망이 무엇인지 교과서 너머의 알려준 멋진 교사들이 있었다. 나는 나의 은사님을 떠올리기 위해 아주 오랫동안 생각했다. 한참을 생각해도 기억이 나지를 않아서 부모님께 물어보았다. "엄마, 아빠. 나의 담임 선생님 중에서 기억에 남는 사람과 그 이유가 있을까요?" 엄마는 "너 초등학교 1학년 때 담임 선생님이 생각나. 운동회날에 20대 같은 멋진 몸매에 핫핑크 운동복을 입은 모습을 보고 멋쟁이 담임 선생님이라고 생각했어. 운동회에서 가장 달리기도 빠르시고 가장 큰 목소리로 응원하셨어."라고 대답했고, 아빠는 "너 고등학교 1학년 때 담임 선생님이 생각나. 내 딸이 처음으로 남자 담임 선생님이라고 해서 기억에 남는구나. 같은 남자니 상담하기도 좋았어."라고 말했다. 부모님의 답변을 들으니, 그분들의 얼굴과 목소리가 눈앞에 선명하게 그려지는 듯했다. '내가 은사님을 특정한 한 사람으로 뽑을 수 없는 이유는, 내가 만난 모든 선생님이 나에게 친절했기 때문이구나.'라고 생각했다. 내가 만난 담임 선생님들에게 특별히 좋은 기억은 없지만, 특별히 나쁜 기억도 없다. 모두 나를 응원해 주셨고 귀엽게 봐주셨다. 나는 내가 만난 여러 선생님처럼, 학생들이 자신의 일상을 평범한 행복으로 채울 수 있도록 사소해 보이기도 하는 도움을 주는 교사가 되겠다고 결심했다. 그리고 2023년. 나는 드디어 임용 시험에 합격했다. 그리고 곧바로 발령이 나면서, 만 23살의 나이에 교사가 되었다. 담임 교사로 일하면서, 학생들에게 평범한 행복을 주는 일이 얼마나 대단한 일인지, 노하우가 가득한 프로다운 행동인지 날마다 깨닫고 있다.

우리가 교사가 되기로 선택한 그 순간을 잊지 말자. 우리는 아이들에게 은은한 달빛이 되고 싶다는 그 마음 하나로 교대와 사범대를 선택했다. 당신은 세상의 많은 만류에도 교직의 길을 걷기로 했다. 모든 고단함에도 불구하고 교사가 되어 아이들에게 의미 있는 발자국이 되어주기로 했다. 사람에 대한 사랑을 품고 교사를 꿈꾸었던 당신이라면, 어쩌면, 당신의 생각보다 교사가 되어 살아가는 일이 꽤 괜찮을지도 모른다.

그들이 사는 세상: 교사의 삶과 내면

사람은 타인에게 놀랍도록 무관심하다. 사람들은 그들이 사는 세상을 멀리서 보고 들을 뿐이다. 교사와 관련된 크고 작은 소식들이 뉴스를 통해 보도되었다. 어떤 사건은 전국에 큰 파장을 불러오기도 했다. 교사의 이야기를 가장 가까운 거리에서 건네본다.

    바람이 어디로부터 불어와 어디로 불려 가는 것일까.
                                        - 윤동주, 『바람이 불어』中

  담임이 되어, 정신없이 많은 아이들과 한 해를 보내고 나면, 기억에 남는 몇몇 순간이 있다. 첫 번째 일화는 생일 축하 파티였다. 나는 그해 함께했던 5학년, 26명의 모든 제자의 생일을 챙겼다. 그 시작은 순전히 한 아이 때문이다. 개학하고 얼마 되지 않아, 학부모님으로부터 전화가 왔다. 자신을 아이의 외할머니라고 소개했다. "얼마 전, 우리 손자가 사고로 부모님을 잃고, 지금은 제가 키우고 있어요. 그러니까, 앞으로 학교에서 무슨 일이 생기면 제게 연락을 주시면 됩니다." 나는 놀랐다. 그 아이는 선생님들 사이에서도 소문난 모범생이었다.

  들리는 소문엔, 학원을 다니지 않는데도 공부를 잘하며, 체육과 음악과 같은 예체능에도 재능이 있다는 학생이었다. 나는 아이가 성격도 좋아 보여서 그런 가슴 아픈 가정사가 있는 줄 몰랐다. 나는 "아이가 반듯하여, 그런 일이 있는 줄 몰랐습니다. 이제 알았으니, 세심히 살피겠습니다."라고 대답했다. "그 일로 아이가 다른 아이보다 일찍 철이 들어서 그런 것 같아요. 그 작은 아이가 제 앞에서 큰 소리로 운 적도 없어요. 성숙해 보여도, 속은 어린아이입니다." 짧은 대화를 나누고, 외할머니와의 통화를 끊었다. '나는 상상하지도 못할 일을 저 아이는 12살의 나이에 겪어내고 있구나.' 다른 아이와 다르게 눈에 띄는 그 아이의 의젓함은 울음을 참아 내는 습관 또는 슬픔을 삼키는 버릇에서 나왔을지도 모른다.

'조금 더 아이다울 수 있으면 좋을 텐데.' 그런 생각을 하며 문득 달력을 보았는데, 마침 그 아이의 생일이 다가오고 있었다. 반 아이들과 함께 재미난 추억을 주고 싶어서, 그 아이의 생일 축하 파티를 열기로 했다. 다음 날 아침, 반장을 불러 큰 편지지를 주며, 반 친구들과 함께 생일 축하 롤링페이퍼를 만들어보라고 이야기했다. 그날 오후, 깜짝 생일 파티가 열렸다. 모든 아이들이 티 없이 맑은 마음으로 축하 노래를 불러주었다. 그리고 같이 단체 사진을 촬영했다. "사랑스러운 우리 반! 선생님은 오늘 친구의 생일을 진심으로 축하한 여러분의 모습이 오래 기억될 것 같아요. 집에 가는 길에 친구를 마주치면, 다시 한번 축하한다고 말해주세요. 오늘 수업을 모두 마칩니다. 차 조심, 계단 조심, 안전하게 집으로 가요." 종례까지 마친 후, 그 아이는 교실에 남아서 친구들이 써 준 편지를 읽더니 훌쩍이며 울었다. 내가 가서 위로의 말을 걸고 싶었지만, 이미 그 아이의 주변에는 많은 친구들이 있었다. 울지 말라며 토닥여주는 친구, 받은 케이크를 나눠 먹자는 먹성 좋은 친구, 좋은 날에 왜 우냐며 장난치는 친구.

나는 이날을 계기로, 모든 아이의 생일을 챙기게 되었다. 26명의 아이의 생일을 챙기는 것이 쉬운 일은 아니었다. 그렇지만, 나에게는 모두 소중한 우리 반 아이들이었다. 생일을 챙겨주기 위해 달력을 자주 확인하는 습관이 생겼다. 생일 파티는 늘 똑같았다. 편지와 케이크를 준비하였다. 그리고 아이들은 큰 목소리로 그날의 주인공을 위한 생일 노래를 불렀다. 친구의 생일을 축하하고 싶어서 들뜬 아이들의 표정을 볼 때, 나는 행복했다. 나는 아이들의 이런 모습이 보고 싶어서 교사를 했나 보다.

두 번째 일화는 아이들과 시시콜콜한 이야기를 나누면서 웃고 떠든 순간이다. 별거 아닌 사소한 일로 아이들과 나는 친해졌다. 나와 아이들의 눈높이가 맞는 건지, 나의 정신연령이 아직 어린이에 머물러 있는 건지는 모르겠지만, 나는 아이들과 나눈 이야기가 재미있었다. 특히, 아이들이 좋아했던 이야깃거리는 나의 연애이다. 나도 학창 시절 때, 선생님의 첫사랑 이야기를 좋아했던가? 유난히 그 아이들은 나의 연애 이야기에 관심이 많았다. 그 남자를 어떻게 만났으며, 어떤 사람이며, 어떻게 생겼는지를 물어보았다. 내가 거짓말을 잘했더라면, "남자 친구? 그런 거 없어."라며 단호하게 말했을 텐데, 어릴 때부터 '거짓말을 하면 안 된다.'라는 가르침을 너무 오랫동안 받아와서 그런지 표정을 숨기지도 못했다. 1년쯤 시간이 흐르고, 어느 날 한 제자가 찾아와서는 나에게 "선생님, 그분이랑 아직 연애하세요?"라고 물었다. 나는 "아니. 헤어졌어."라고 대답했다. 그러자 그 아이가 몹시 놀라며, 당황해했다. 아이는 충격을 받은 모습이었다. 그 아이는 사랑이 영원하다고 믿었나 보다.

나는 왜 이렇게 어두운 골목길만을 헤매는가.
- 이상, 『날개』 中

교사가 마주하는 아이들은 끊임없이 변하는 바다의 조류와 같다. 무질서한 것은 아이들뿐만이 아니다. 학교에서 일어나는 모든 일들이 대개 그러하다. 교사는 끊임없이 가르치는 방식에 대해 고민하고, 생활지도 방법을 선배 교사들로부터 배우고 학부모와 소통하는 방법을 연구한다. 가끔은 교사의 이러한 노력이 수포(水泡)로 돌아간다. 그러면 교사는 생각한다. '매해 하는 일인데 왜 이렇게 어렵고 서툴까.' 그러면서,

종종 교사는 자책한다. 실제로 주변에 몇몇 선생님들께서 이러한 이유로 교직을 잠시 떠나셨다. 경력은 쌓이는데, 나는 늘 어두운 골목길에 있는 것 같은 기분이 든다. 그런 마음이 들 땐, 골목길에서 고개를 들어 하늘을 바라보자. 우리는 너무 오랜 시간 땅만 바라봤을지도 모른다.

4장
급행열차: 신규 교사를 위한 슬기로운 학교생활

교사의 1년은 다른 이들보다 빠르게 흘러간다. 방학이 있기 때문이다. 교사의 업무는 1년 주기로 돈다. 즉, 1년마다 새롭기도 하고 비슷하기도 한 업무가 시작된다. 교단에 설 여러분을 위해, 교사의 1년을 슬기롭게 보내는 방법을 월별로 안내하겠다. 교사의 1년의 시작은 3월이며, 끝은 2월이다.

3월 : 내가 그의 이름을 불러주었을 때, 그는 나에게로 와서 꽃이 되었다.

- 김춘수, 「꽃」 中

담임이 된 당신. 아이들의 이름표들을 보며, 1년 동안 학급을 잘 운영하겠다고 다짐한다. 신학기에는 아이들과 함께 학급 규칙, 반 이름, 역할을 정한다. 3월에 교사의 가치관과 학급 운영 방법을 분명히 정해 놓아야 한다. 아이들이 가장 말을 잘 들을 때이므로, 이때 일관적인 규칙에 따라 지도해야 한다. 아이들을 유심히 관찰하고, 어떤 아이인지 파악하는 것이 중요하다. 학급 이름, 아침 인사 문구를 정해 놓는 것을 추천한다. 아이들은 우리 반이 다른 반과 다른 특별한 반이라는 소속감을 느낄 수 있다.

> 4월 : 목련꽃 그늘 아래서 베르테르의 편지를 읽노라
> — 박목월, 「4월의 시」中

벚꽃이 피면, 아이들과 함께 야외에 나가서 단체 사진을 찍어보자. 아이들은 교실의 콘크리트 벽 너머에서 유난히 행복해한다. 또, 4월은 학부모 상담이 많다. 학부모와 대화할 때에는 '예의 있지만 단호한 말투'가 좋다. 교사는 상담 시, 말을 최소화하고 학부모의 말을 경청하는 것을 추천한다.

> 5월 : 지난 오월 단옷날
> — 서정주, 「春香遺文」中

5월 15일은 스승의 날이다. 내가 담임으로 있었던 반 아이들은 그날 유난히 일찍 등교해서 스승의 날을 위한 깜짝 파티를 준비했다. 꽃, 케이크, 칠판을 가득 덮은 그림과 글씨들이 눈앞에 떠오른다. 나는 그날, 선생이라는 이유만으로 티 없이 맑은 아이들의 마음을 받았다.

> 7월 : 푸른 햇살 요동치는 강변으로 달려갔다
> — 고재종, 「초록 바람의 전언」中

이때에는 수행평가를 해야 한다. 생활기록부에 들어가는 성적이므로, 교사는 공정한 평가 기준에 따라 평가해야 한다. 최근 학생 성적에 관한 학부모의 관심이 높아졌다. 따라서, 학생과 주간 학습 안내를 통해 수행평가 시기와 내용을 안내하고, 계획에 맞게 평가해야 한다.

수행평가를 치고 채점할 때, 아이들이 문제를 많이 틀리면 나는 나를 자책했다. '아이들이 이해할 수 있게 내가 더 잘 가르쳤어야 했는데. 내가 수업을 잘하지 못해서 아이들의 성적이 좋지 못한 것이구나.' 라는 생각이 든다. 어떻게 수업하면 아이들이 더 즐겁게 공부할 수 있을지, 완벽하게 이해할 수 있을지 매일 고민하고 또 고민한다. 아이들이 "선생님. 제 성적인데, 왜 선생님께서 더 많이 속상해하세요? 저는 이 점수도 좋은데요!"라고 말한다. 그러나 나는 그 학생의 점수가 나의 수업 능력에 대한 점수인 것만 같아서 마음이 좋지 않다. 학생의 평가는 곧 교사의 평가라고 생각되어, 좋은 평가 결과가 나올 수 있도록, 끊임없는 반성과 환류의 과정을 거친다.

학기 말이 되면 교사는 방학을 어떻게 보낼지 고민한다. '단 하루도 허투루 보내지 않아야지!' 그러나 막상 방학을 하면, 학기 중에 체력을 다 써버려서 누워 지내기에 바쁘다.

10월 : 호르 호르르 호르르르 가을 아침

— 김영랑, 「청명」中

가을은 문학의 계절이다. 선선한 가을 공기를 마시며, 글을 쓰고 글을 읽는 시간을 가져보는 것이 좋다. 나는 늘 학급 온책읽기를 했다. 한 달 동안 한 권의 책을 읽고 책을 나누는 시간을 가진다. 생각보다 아이들은 책을 집중해서 읽는다. 아이들과 함께 매주 도서관에 갔다. 1시간을 온전히 책에 집중할 수 있도록 지도했다. 아이들은 원하는 책을 가져와서 읽는다. 분명 같은 나이이고 같은 학교를 다니고 사는 환경도 비슷할 것인데, 어쩜 이렇게 취향과 관심 분야가 다른지 모르겠다. 이토록 성격과 취향이 다른 여러 아이가 모여 한 반을 이루고 그 속에서 나름의 방법으로 잘 지내는 것을 보면, 신기하기도 하다.

12월 : 어느 겨울날 이른 아침까지는

- 김종길, 「고고」中

겨울이 되었다. 3월에 개학을 하고 아이들과 마주했던 순간이 엊그제 같은데 시간이 아주 빠르게 흘렀다. 학급에서는 1년을 정리하는 각종 행사가 열린다. 크리스마스 전후로, 학예회, 학급 송별회, 럭키 드로우 등 아이들에게 웃음과 선물을 주는 행사를 한다. 마치 전문 MC처럼 학생들에게 재미를 주는 선생님을 보면, '정말 초등학교 교사는 만능 엔터테이너가 아닐까.'라고 생각하게 된다.

2월 : 그해의 제일 아름다운 불을.

- 김춘수, 「샤갈의 마을에 내리는 눈」中

교사는 가장 마지막까지 교실을 지킨다. 그리고 정든 교실을 떠난다. 텅 빈 교실을 교단에 서서 내려다보면, 아이들의 목소리가 들리기도 한다. 그리고 어김없이. 새 학기, 새 이름, 새 얼굴들을 다시 맞이할 준비를 한다. 교사의 계절은 끝이 아니라 늘 시작이었다.

5장
당신의 계절에게

　마지막으로, 당신의 계절에게.
　사계 중, 당신의 계절은 어디쯤인가. 나의 계절은 초여름이다. 이 글의 제목처럼, 나는 기분 좋은 햇살 아래에 찬란한 나의 바다를 바라보며 서 있다. 나는 청춘도, 사랑도, 용기도 꿈도 사랑하기 때문에, 낭만을 잊지 않으려 살아가려 한다.
　SBS 드라마 「별에서 온 그대」에서 기억에 남는 구절이 있다.

　　인간은 죽을 줄 알면서도 참 열심히도 사는구나. 언젠가 헤어질 걸 알면서도 사랑을 할 땐, 내일이 없는 것처럼 사랑을 하는구나.

　결말이 뻔히 보이는 사랑에 목숨을 건 적이 있다. 영원한 것을 좇지만, 유한하다고 해서 아름답지 않은 것이 아니다. 내가 사랑했던 이야기가 끝나버렸을 때, 한여름 밤의 꿈 같은 허무함과 아직 코끝에 남아있는 달콤함이 동시에 느껴진다. 헤어질 것이 두려워 다시는 사랑에 빠지지 않겠다고 다짐했지만, 우리는 늘 마지막 사랑인 것처럼 뜨겁게 사랑한다. 내가 하는 모든 일이 역사에 남고 대의를 담고 있는 것은 아니지만, 마치 그런 것처럼 일한다. 나는 미련이 많은 편이라, 다 끝난 이야기도 오랫동안 사랑한다. 지나가 버린 계절도 오랫동안 기억한다.
　인생은 너무나 많은 우연들이 필연적인 조건으로 작용하므로 다양해진다. 우연인지, 운명인지, 인연인지 모를 것들로 우리의 삶은 구성되며, 시간은 빠르게 흘러간다. 당신의 계절은 그 누구도 대신 살아줄 수 없다. 그러니, 당신이 교사로서 자존심을 지키며 매 순간에 충실하며 즐길 수 있길.

제자가 그려준 나

오현경

사범대학
역사교육과

진심,
또 다른 형태의 사랑

1장
교사가 교사를 키워내다

"교사하지 마. 굳이 그 좋은 대학을 나와서 해야겠어? 왜? 너무 힘들잖아…."

교사를 꿈꾸는 새싹들 중 이런 우려의 말을 들어본 적 없는 사람이 있을까? 중등 교사를 꿈꾸기 시작했던 2018년 이후 줄곧 가장 많이 들은 이야기다. 요즘 학교가 참 어렵다. 비단 특정한 대상 때문이라기보다는, 우리가 우리 아이들을 잘 키워내고 싶은 마음이 너무 크기 때문일 것이다. 어리고 여린 마음을 끊임없이 보듬어야 하는 교사는 의도하지 않아도 고민스러운 마음으로 살아가는 날이 많다. 현장에 있는 교사마저도 이런 말을 자연스레 건네기 때문에 주변인들의 걱정 어린 우려는 때때로 애정처럼 느껴지기도 한다. "알고 있어. 그런데 하고 싶어. 견딜 수 있어."라고 말하는 것도 일상이 되었다.

왜 굳이 교사를 꿈꾸는가. 왜 끝없이 이 길로 향하는가. "왜"라는 물음에 답하기 위해선 꽤 오래전으로 거슬러 올라가야 한다. 이 글에서는 그 시작과 마음속에 교직을 품고 살았던 시간들, 그리고 잘 살고 싶어 애쓰는 스물셋 대학생의 꿈에 대해 이야기하고자 한다. 이 기록이 내가 걸어갈 긴 길의 초행을 잘 기억해 주기를 바란다.

난 어릴 적부터 어른들과 함께하는 게 익숙했다. 집안에서 막내로 자란 부모님, 그리고 그 사이에서 의도하지 않았지만 늦게, 약 8년 만에 태어난 나. 또래보다는 어른들을 더 많이 접하고, 그들의 이야기를 더 많이 들으며, 그들의 세계를 더 빨리 이해했다. 성격 자체에서 오는 조심스러움은 있었어도 그들이 어렵지는 않았다. 세상 속에서 만나는 어른들도 자연스럽게 잘 따랐다. 유치원 선생님, 피아노 선생님, 교과 학원 선생님 등. 엄마가 늘 "현경이는 사랑받기 위해서 태어난 아이야."라고 말해준 덕분인지, 선생님들은 유독 나에게 다정한 손길을 많이 건네주었다. 그런 온기가 마냥 좋아서, 어릴 적부터 꽤 오랫동안 선생님이 되고 싶었다.

자아가 생긴 이후, 선생님이라는 존재를 더욱 긍정적으로 인식하게 된 건 중학생 때부터다. 따돌림을 당했다. 이유를 추측해 보자면, 내가 아이들의 세계에서 '느린 자'에 속했기 때문이 아닐까? 또래 여자아이들이 좋아하던 화장품, 옷, 아이돌에 대해 무지했고, 관심도 없었다. 그런 걸 보는 눈은 없으면서, 어른들과 함께 지내며 습득했던 생각과 행동은 마치 애어른 같았다. 탁월한 재능도, 좋아하는 것도 딱히 없었고, 공부에 대한 욕심도 없었다. 잘 웃고 잘 울던, 그런 물렁한 나는 놀림감이 되기 딱 좋았다. 초등학교에서 중학교로 넘어가는 그 몇 년 동안 유독 또래와의 관계가 힘들었다. 당시 나를 괴롭히던 아이들은 선생님들도 지도에 골머리를 앓았으니 그럴듯한 해결책은 없었다.

그렇지만 선생님들은 나를 도와주고 싶어 했다. 공부에 관심은 없었어도 수업 시간에 늘 눈을 마주치고 고개를 끄덕였기 때문일까? 마음이 쪼그라든 중학생에게 그들이 내민 손길은 마치 산소 같았다. 여느 때처럼 멍하니 홀로 앉아 있던 어느 날, 과학 선생님은 "현경이 좀 혼나야겠어."라며 교무실로 날 부르셨다. 그런데 혼내기는커녕, 요새 배우는 것 중에 어려운 건 없는지, 학교에 적응하며 힘든 건 없는지 물어봐 주셨다. 그 조심스럽고 선한 목소리, 걱정스러운 눈동자가 여전히 생생하다. 또 어느 날 국어 시간이었다. 아이들은 협동 학습 모둠을 정하는 과정에서 익숙하고 당연하게 나를 소외시켰다. 그런데 국어 선생님은 여느 선생님과 다르게, 이를 또래의 사소한 다툼 정도로 취급하지 않으셨다. 선생님은 직접 나서서 상황을 정리하시고는 내게 큰 위로를 건네주셨다. 또, 아이들이 무서워했던 체육 선생님도 몰래 울던 나를 보곤 무슨 일 있냐고, 괜찮냐고 그리도 자주 물어봐 주셨다. 물론, 선생님들이 그렇게 한다고 괴롭힘이 사라지는 건 아니었다. 오히려 그 아이들은 이런 작은 관심조차 고까운 시선으로 바라보았다. 하지만, 선생님들의 따스한 한마디와 도움의 손길은, 넥타이를 매다 도저히 학교에 가지 못하겠다고 울던 나를 살게 했다.

학기 말이 되어서야 마음이 맞는 한 친구와 친해졌고, 그 이후부터는 학교생활을 나름 잘할 수 있었다. 자유학기제 시행으로 작가 수업을 들은 덕에 글쓰기에 흥미를 느꼈고, '드라마 작가'라는 꿈이 생겼다. 2학년 때는 여느 중학생처럼 친구들과 시내에서 떡볶이랑 빙수도 먹고, 당시 남자 친구와 소꿉장난 같은 데이트도 했다. 3학년 땐 좋은 담임 선생님을 만나 비교적 안정적인 학급에서 생활할 수 있었다. 친구들과 원만한 관계도 유지하고, 부반장으로서 또래에게 인정도 받았다. 처음이었다. 학교에서 인생이 바뀌고 있었다. 어느 날, 2년 동안 나를 가르쳐 주셨던 수학 선생님께서 복도를 지나가시다 갑자기 "현경이는 꼼꼼해서 교사하면 정말 잘하겠다~"라고 말씀하셨다. 당시에는 드라마 작가라는 꿈이 확고했기에, 그 말을 학교생활 잘하고 있다는 칭찬 정도로만 여겼다.

또 그 무렵 어느 날, 공부를 잘하던 친구가 말했다. "넌 수업 시간에는 제일 바쁜데 시험은 못 보네?" 곱씹을수록 기분 나쁜 말이었다. 그래서 잠들어 있던 승부욕을 깨워 처음으로 노력이라는 것을 해보았는데 성적이 제법 봐줄 만했다. 딱 하나 역사만 빼고. 역사는 최악과 충격 그 자체였다. (지금도 그렇지만) 마치 짝사랑하는 거 같았다. 잘하고 싶은 마음은 있는데, 현대의 도구를 사용하는 내겐 뗀 돌이나 간 돌이나 돌일 뿐이고, 청동검이나 철기검이나 지금은 안 쓰는 검일 뿐이었다. 고구려, 백제, 신라 이 삼국은 왜 그렇게 목숨을 내놓고 한강을 차지하려 애쓰는지. 또 조선시대 학자들의 이름과 업적은 왜 이렇게 외우기 어려운지! 그렇지만 다른 과목 성적도 올렸는데 역사라고 못 할까. 3학년 학기 초에 굳게 다짐했다.

'역사를 꼭 극복하고야 말겠다.'

교과서 맨 앞장에 '역사 90점 이상'이라는 목표를 꾹꾹 눌러 적었다. 그리고 역사를 좋아하기 위해서 용기를 내 역사 부장에 자원했다. 그때만 해도 난 짧은 발표에도 심장이 내려앉는 파워 내향인이었지만 말이다. 교과서도 머릿속에서 사진 찍은 것처럼 떠오르도록 전부 외워버렸다.

성과가 나왔다. 1학기 역사 시험에서 모두 만점을 받았다. 구석기와 신석기 유물도 구분하지 못하던 내가, 성취도 C를 받던 내가 도움 하나 없이 목표한 걸 이뤄냈다. 그건 정말 짜릿한 경험이었다. 역사는 내가 인생에서 선택한 첫 번째 도전이자, 처음으로 경험한 성취였다.

그맘때였다. 갑자기 작가라는 꿈이 막연하고 추상적으로 느껴졌다. 아마 현실적이고 안정적인 것을 선호하는 내 성향이 발휘되었던 거 같다. 작가는 불안정하고, 재능의 영역이 큰 직업이라고 생각했다. 난 작가를 할 만큼의 재능과 감성은 없었다. 지금이야 "자기 객관화를 참 잘했다~"라고 말할 수 있지만, 당시에는 한순간에 꿈이 사라지는 바람에 고민의 시간이 늘었다. '나는 무얼 잘할까. 꼼꼼하고 주변을 잘 챙기니까 비서를 해볼까? 그래도 글 쓰는 건 좋아하니 출판계에서 일해볼까?' 이리저리 생각하고 여기저기 조언을 구해봤지만, 해답은 찾지 못했다.

그렇게 시간이 흘러 다사다난했던 중학교에서 보내는 마지막 학기가 시작됐다. 작은 변화가 한 가지 생겼다. 교육과정상 정해진 시수 때문에 일주일에 3시간씩 들었던 역사 수업이 2시간으로 줄어든 것이었다. 이 변화가 내 인생을 송두리째 바꾸어 놓을 거라고는 상상 못하고 대수롭지 않게만 생각했다.

"역사 선생님 바뀐다는데?"
'응? 선생님이 바뀐다고? 누구로?'

시수의 변화는 우연히 선생님의 변화로 이어졌다. 앞 반 수업을 담당하던 무서운 선생님이 딱 한 반만 더 수업한다는 거였는데, 그 반이 내가 속한 반이었다. 이미 1학기에 역사 선생님이 바뀐 적 있었고, 선생님이 좋아서 열심히 했던 건 전혀 아니었기에 '하필!'이라고 생각하지는 않았다. 그런데 진짜 무섭기는 했다. 친한 친구들을 통해 선생님의 소문을 익히 들었기 때문이다.

"질문에 대답을 못 하면 자리에서 일으켜 세우셔…. 교복을 잘 입고 있어야 해…."

새로운 선생님과 수업하는 첫날, 늘 시끌벅적하던 우리 반은 꽤 엄숙했다. 나 또한 그 속에서 엄청나게 긴장했다. 소심한 내가 선생님의 질문에 대답하지 못해 덩그러니 서 있을까 봐, 교복이 흐트러져 있어 혼이 날까 봐.
첫 수업이 끝난 후 온몸에 기운이 빠지고 심장이 일렁거렸다. 요동치는 마음속 파도가 비단 긴장 때문만은 아니었다. 압도당했다고 해야 할까? 가감 없이 이렇게 생각했다.

'와-, 미쳤다.'

이 생각밖에 할 수가 없었다. 수업을 이렇게 할 수 있나? 말을 저렇게 잘할 수 있나? 난 본능적으로 느낄 수 있었다. 선생님은 나와는 다른, 정말 멋진 사람이라는 것을.
선생님은 반짝거리는 사람이었다. 멋있고, 아름다웠고, 대단했다. 아니 사실, 어떤 좋은 수식어를 붙여도 부족하게 느껴졌다. 선생님은 다른 선생님이라면 못 들은 척했을, 혈기 왕성한 중학생의 짓궂은 횡포에 그냥 넘어가지 않았다. 선생님의 모든 말에는 이유가 존재했고, 그 한

마디 한마디는 실로 타당했다. 옳고 그름에는 칼 같았지만, 함부로 대하는 법이 없었다.

  수업이 끝나면 선생님과 1분이라도 더 이야기하고 싶어서 매번 질문을 했다. 사소한 것들이 더 많았지만, 선생님은 늘 귀찮은 기색 없이, 또 막힘없이 답해주셨다. 그것도 한없이 다정한 눈으로, 한없이 따뜻한 목소리로. 그러면 난, 머릿속에서 N번의 시뮬레이션을 거친 것이 무색하게 무장해제 됐다. 선생님 속에 숨겨져 있는 다정함이 그렇게 좋았다. 선생님이 앞문을 나서면 난 그저 녹아버렸다.

  선생님은 모르셨다. 나는 원래 질문을 그다지 즐기지 않는 아이라는 것을, 선생님이 멋있어서 열심히 했다는 것을, 그리고 실은 역사를 좋아하는 척했다는 것을. 똑 부러지는 수업과 확신에서 나오는 말, 그렇지만 따뜻한 눈빛과 목소리가 좋았다. 꼭 어리고 깨지기에 바빴던 내 세상을 위로해 주는 것 같았다. 네가 가진 다정함을 다 버리지 않으면서도 강해질 수 있을 거라고. 잘 해내어 그렇게 빛나는 사람이 될 수 있을 거라고… 꼭 그렇게 말해주는 것만 같았다.

  학교 가는 게, 공부하는 게 그렇게 행복했던 날이 여태 없다. 역사 수업이 있다는 이유 하나로 월요일이 사랑스러울 정도였다. 교과서와 학습지가 너덜너덜해질 정도로 예습과 복습을 열심히 한 것도 처음이었다. 선생님과 눈을 맞추며 수업하는 게 내 유일한 낙이었다. 선생님을 만난 이후로 축축했던 삶에 태양이 비추는 것 같았다. 선생님 덕분에 행복을 알고, 위로를 받고, 숨을 쉬었다.

  행복한 시간은 참 빠르게 흘렀다. 그렇게 중학교에서 치르는 마지막 시험까지 끝났을 때, 올해 역사 시험은 모두 100점이겠다고 확신했다. 시험 문제를 10분도 안 돼서 다 풀고 5번이나 확인했으며, 가채점할 때

틀린 게 없었으니까. 점수를 확인하는 날, 드디어 내 차례가 다가왔다. '역시 100점…이 아니었네?' 다소 당황스러웠다. 자세히 살펴보니, 시대를 대표하는 용어를 서술하라는 문제에서 '설명과 서술'에 초점을 맞추고는 핵심 용어를 쓰지 않고 애매하게 풀어 쓴 것이었다. 상상도 못 한 터라 '다른 과목도 유난히 망쳤는데, 역사도 그렇네.'라며 해탈하고 있었다. 그런데 되려 선생님이 더 안타까워하시며, 나를 꼬옥 안아주셨다. 그날은 소란스럽게 난방기를 틀어도 손이 얼어붙던 날이었다. 그와 대비되는 온기 가득한 선생님의 품이 아직도 생생하다.

사실 선생님은 역사만큼 어려운 사람이었다. 선생님에 비해 내가 너무 어리기도 했지만, 그것보단 정말 좋아해서 그랬다. 여태껏 인생에서 누군가를 그렇게 어려워해 본 적도, 그렇게 좋아해 본 적도 없다. 좋아하는 걸 부정하는 그 시기도 의미가 없을 정도였다. 어디선가 이름 석 자만 봐도 배시시 웃을 정도로 투명했으니까. 그런 선생님이 내가 열심히 했다는 걸, 진심이었다는 걸 알아봐 주셨다.

돌이켜보면 운이 좋았다. 난 마음이 가는 것에 있어서는 그 누구보다 진심을 다했고, 예민한 성격을 타고나 타인의 진심과 감정도 꽤 자주, 잘 알아볼 수 있었다. 진심은 언제나 전해진다는 그 뻔한 말을 참 좋아하는데, 우연히, 아주 다르다고 생각했던 선생님과 나의 공통점이 '진심'이었다. 우리는 무언가를 진심으로 대하는 사람을 알아보고, 그에게 마음을 주었다. 나는 학생에게 진심이던 선생님을, 선생님은 자신의 수업에 진심이던 나를 알아봤다. 선생님을 만나 좋아한 시기도 참 적절했고, 심지어 선생님은 여전히 내게 과분할 정도로 좋은 사람이니, 나는 정말 운이 좋았다고 할 수밖에 없다.

최대한 많은 이야기를 나누고 싶었지만 학기 말이 될수록 선생님은 너무 바쁘셨고, 이런저런 행사로 애꿎은 역사 수업만 자꾸 사라졌다. 만남에 우연을 모두 써버렸는지 우연한 마주침은 없었고, 그래서 난 우연을 가장한 인연을 만들기 시작했다. 저 멀리에 선생님이 보이면 뛰어가서 안 뛴 척 말 붙이고, 교무실에 들어갈 용기는 없어 쉬는 시간마다 괜히 2층 복도만 서성였다. 또, 친구를 만나러 간다는 등 나만의 핑계를 만들어 선생님네 반이나 스포츠클럽 부에 알짱거렸다. 성공했냐고 묻는다면 괜한 오해만 샀다고 답해야겠다. 선생님은 혼자 어슬렁거리던 내가 걱정 되셨는지 반 친구들이랑 싸웠냐고 물어보셨다. 나는 그저 인사 한번, 말 한마디 하고 싶었던 것뿐이었는데…. 우연을 만드는 건 꽤나 바쁘고 힘들었고, 졸업이 다가올수록 슬프기만 되게 슬펐다. 지긋지긋한 이 학교를 떠나는 날이 오면 후련할 줄 알았는데. 젠장, 너무 질척이고 있었다.

그러다 문득 이런 생각이 떠올랐다. '같은 학교에서 일하면 매일 선생님을 볼 수 있겠지? 역사도 나쁘지 않으니까 역사 교사를 해야겠다!' 교사라는 직업이 가진 사명감은 퍽 모르는 순진하고 철없는 마음이었다. 하지만, 지금 생각해도 목표 달성에 최적화된 최선의 방법이었음은 확실하다.

"선생님, 저 역사 교사 되고 싶은데… 어떻게 하면 돼요?"

마치 동경하는 아이돌 앞에 선 팬 같았다. 어찌나 떨리던지. 몸을 오들오들 떨고 있었지만, 추워서 그런 거라고 애써 생각했다. 이 순간에 선생님은 썩 당황하신 거 같았다. 어쩌면 당연했다. 서로의 하루를 공유한 시간은 고작 반년 남짓했고, 당신이 좋다고 말할 용기는 내게 결코 없었으니. 다른 사람은 다 아는 내 마음을 선생님은 정말로 모르셨다. 그래서 그런가. 돌아온 답변은 굉장히 현실적이었다.

"응? 역사 교사를 하려면 역사교육과에 가거나… 사학과에 가서 교직이수를 해야지? 아니면 교육대학원에 가거나?"

꿈이 사라졌던 열여섯 살 내게 새로운 목표가 생겼다. '현역으로 역사교육과에 가서 칼같이 졸업하고, 초수에 임용고시를 통과해서 경기도에서 근무하자.' 누구 못지않게 현실적이고 나름 합리적이기까지 했다. 늦어지면 같이 근무하는 건 어려울 거라고 판단해 가장 빠른 방법만을 고수했으니까. 그렇게 나의 10대는, 선생님으로 가득 차고 있었다.

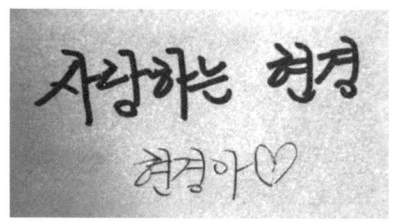

햇살 같았던 선생님이 써주신 내 이름.
덕분에 처음으로, 내 이름(炫 밝을 현, 庚 별 경)이
그 뜻처럼 빛나는 별 같다고 느꼈다.

2장
경쟁과 방황 속에서 삶을 지탱해 주던 많은 품들

목표와 동기가 명확하고 충만했던 덕분에 고등학교에서도 비교적 쉽

게 적응할 수 있었다. 우연히, 선생님과 인연이 있는 선생님들이 입학한 고등학교에 계셨다. 그 어떤 분도 내게 부담 주지 않으셨지만 선생님 얼굴에 먹칠하고 싶지 않아서, 선생님이 웃는 모습을 보고 싶어서, 행운처럼 주어진 이 길이 너무 간절해서, 그래서 그 시절 할 수 있는 최선의 것들을 해내기 시작했다.

공부하는 건 힘들었지만 때때로 즐거웠고, 운이 좋게도 노력은 배신하지 않았다. 40등으로 입학했던 나는 1학년이 끝날 때쯤 전교 10등 안으로 들어왔다. 부단히 노력한 순간이 모여서 성과로 거듭났던 것이다. 그 동기는 여전히 선생님이었다. 항상 내 책상 앞에는, 송화색 메모지가 마음만큼이나 단단하게 붙어 있었다.

'자랑스러운 제자가 되자,
R=VD 역사교육과 22학번'

그 선생님을 좋아한다는 사실을, 그래서 역사 교사를 꿈꾼다는 사실을 모르는 사람이 없었다. 비단 학교뿐 아니라 내 세상 속 모든 사람이 그 사실을 알고 있었다.

그렇게 내재적 동기와 외재적 동기 모두 충만했지만, 한국의 고등학생으로 사는 건 쉽지 않았다. 매일 학교가 끝나면 쪽잠을 자고 학원에 갔다. 학원이 끝나면 다시 5시간 정도 자고 일어나, 새벽 세 시부터 전날 배운 내용을 완벽하게 복습했다. 이어서 오늘 배울 것을 예습한 후 바로 아침 자율 학습을 하러 학교에 갔다. 그런데, 늘 부족한 잠보다 나를 더 힘들게 했던 건, 다름 아닌 해도 되지 않는 역사였다. 다들 1등급이 아니면 서울에 있는 역사교육과는 어렵다고 했지만, 1등급은 250명

중 고작 10명뿐이었다. 공부를 늦게 시작해 모든 게 부족하고 조급했던 내게, 많은 시간을 투자해야 하는 역사는 다시 내 발목을 잡는 존재가 되었다.

역사교육과에 가고 싶었던 건, 비효율적이지만 정석적으로 역사를 공부하며 인생 처음으로 성취를 경험했고, 무엇보다 선생님이 좋아서였다. '역사를 너무 좋아하고 잘해서'라는 이유는 맹세코 없었다. 수학과 과학은 1, 2등급, 역사와 국어는 3, 4등급이던 내가 문과에 간 건 순전히 '좋아서'였다. 잘하는 것 대신 좋아하는 것을 선택한 책임의 무게는 꽤 무거웠다. 사람들은 당연히 내가 역사를 엄청나게 좋아하고, 잘 알 거라고 오해했다. 그 기대에 부응할 수 없던 현실의 나는 늘 위축됐다.

그럼에도, 지금까지 모든 걸 감수할 수 있었던 이유는 그 모든 것을 사랑하는 줄도 모르고 사랑했기 때문이다. 선생님은, 그리고 이 길은 내가 처음으로 온전하게 내린 나의 선택이었다. 그래서 책임지고 싶었고, 미치게 간절했다. 그때, 간절한 내 마음을 알아본 사람들이 물심양면으로 날 도와주기 시작했다.

"현경아, 역사적 사실을 얼마나 많이 알고 있는지 자랑하기만 하는 건 역사교육과에 진학하는 데에 큰 의미를 갖지 않아. 중요한 건 지식을 얼마나 많이 아느냐가 아니라, 얼마나 깊이 사고해 봤고 어떤 시각으로 역사를 바라보고 있느냐야."

고등학생 때 역사 동아리를 통해 인연을 맺은 역사 선생님께서 늘 해주셨던 말이다. 선생님은 내가 만나본 선생님 중에서 가장 밝은 에너지를 가진 특별한 분이다. 안정을 지향하고, 모험은 지양하는 나와 달리 선생님은 의미 있어 보이는 일이라면, 마음이 가는 일이라면 뭐든 도전해 보셨다. 정의롭고, 진실되며, 따스했던 선생님은 위태로웠던 내 꿈을 항상 지켜주셨다. "역사 시험 망쳐서 역사 교사 못 할 거 같아요."라고 말하는 내게, 역사를 잘 알아야만 교사가 될 수 있다고 단 한 번도 말씀하신 적 없다.

"나도 그런 역사는 잘 몰라~!"

죄송하게도 솔직히 처음에는 의심했다. '역사를 모르는데 어떻게 역사교육과에 가고 역사 선생님이 되지? 그럼 선생님은 어떻게 임용고시를 통과하셨지? 내가 낙담하지 않게 속이시는 건 아닐까?' 생각하면서…. 그런데, 역사를 바라보는 선생님의 따스하고 사려 깊은 시선을 따라 내 시선을 옮기다 보니 어느새 선생님이 말하는 역사를 배우고 있었다.

선생님의 역사는 살아 숨 쉬는 것이었다. 선생님은 줄곧 경기도에서 살던 우리를 광주에 데려가 주셨다. 1980년 5월의 그날을 더 생생하게 느낄 수 있도록 말이다. 난 그곳에서 산 자가 떠난 이를 그리는 마음이 얼마나 서글프고 사무치는지 깨달았고, 마음에 새겨진 아픔은 아무리 긴 세월이 지나도 쉬이 아물지도 못하고 지속된다는 걸 배웠다. 또 선생님은 우리를 망우리 공원으로 데려가 알려지지 않은 독립운동가를 만나게 해주셨다. 그 덕분에, 국적이 달라도 한마음으로 이 땅의 독립을 바랐던 그들에게 감사의 인사를 전했고, 흙먼지 가득 앉은 묘비도 깨끗이 닦아드릴 수 있었다. 난 선생님을 통해, 오랫동안 한 줄의 역사

뒤에 숨겨져야만 했던 사람들의 이야기를 많이 들을 수 있었다. 교과서에서 벗어나 보는 세상은 슬프게 신비로웠다.

선생님은 귀찮은 일을 그렇지 않은 것처럼 해내는 분이셨다. 그런 선생님 덕분에, 정당하지도 정의롭지도 않은 사실에 목소리를 내는 법을 배웠다. 어리고 미숙해 보이는 우리도 가슴 아린 역사를 진지하게 바라볼 수 있음을 배웠다. 또, 교사가 자신의 역량을 발전시켜 다양한 활동을 시도하는 것의 중요성도 배웠다. 첫 시험 이후 성적 때문에 역사와 교육 중 하나를 포기하라고 권유받았던 나는 타협할 수 없었다.

'이게 역사구나. 이런 게 역사라면, 이런 게 역사교육이라면 그 어느 것도 포기할 수 없겠다.'

욕심이 많았다. 둘 다 놓을 수 없어서, 역사 잘 몰라도 역사교육과에 갈 수 있다는 선생님의 말을 믿기 시작했다. 그건 고등학교에서의 3년을 굳세게 버티게 한 사상이었다. 선생님께서 "해볼래?"라고 제안한 것은 크든 작든 모두 해냈다. 아무리 수행평가가 많아도, 아무리 공부할 게 많아도 다 했다. 거절을 잘 못 하는 성격이기는 했지만, 그땐 거절이라는 선택지 자체가 없었다.

그렇게 매일 무언가를 열심히 하다 보니, 내가 끊임없이 역사를 배우고 있었다. 어느 순간 나에 대해서도 여실히 깨달았다. 어떤 역사에 가장 가슴이 뛰는지, 어떤 역사에 가장 마음 아파하는지, 역사를 통해 세상을 어떻게 바라보고 싶은지. 선생님은 제대로 된 수업 한 번 함께 한 적 없지만, 내게 역사를 가장 많이 알려주신 분이다.

선생님은 교육자로서도 특별했다. 동아리에서 답사를 갔을 때였다.

외부 일정이 모두 끝나고, 후배들은 강당에 모여 오늘 배운 사실에 대한 퀴즈를 풀었다. 나는 부끄럽게도 7월 중순의 찌는 더위와 빽빽한 일정에 지쳐 강당 뒤에서 옥수수나 뜯어 먹고 있었다. (살면서 먹어본 옥수수 중 가장 맛있었다.) 그런데 선생님은 그 힘든 일정을 똑같이 소화하고도 지친 기색 하나 없이 아이들과 대화하고, 곁에서 사진을 찍고, 웃고 계셨다. 선생님은 널브러진 책상과 의자를, 신난 아이들을, 그리고 오늘 배운 지식을 정리하려 하지 않으셨다.

고백하자면, 나는 평소에도 정리병이 조금 있다. (그리 심하지는 않다고 나는 생각한다.) 그래서 정돈되고 깨끗한 교실과 무엇이든 확실히 지도하고 정리하려 하는 선생님들이 좋았다. 교실이 그래야만, 교사가 그래야만 아이들이 잘 배울 수 있을 거라고 생각했다. 그런데, 선생님을 보고 그 생각이 완전히 깨졌다. 교사가 부드럽고 자유롭게 아이들을 배움으로 이끌 수 있다는 걸, 전달하는 게 아니라 함께 이야기 나눌 수 있다는 걸, 교탁 앞이 아니라 그 속에서 존재할 수 있다는 걸, 그리고 그들만큼이나 해맑게 웃을 수 있다는 걸—이 거대한 것들을 1시간 만에 배웠다. 그러니 선생님은 대단한 사람이 아닐 리 없다. 난 아직도 선생님이 아이들과 웃던 그 찰나의 순간을 잊지 못한다. 너무 빛나서, 나도 그렇게 되고 싶어서.

선생님 덕분에 역사 교사는 지식을 전달하기 전에 어떤 것을 사랑하고, 지향해야 하는지 깨달았다. 꿈이라는 씨앗을 들고 온 어린 나를 키운 건 선생님이었다. 올바르게 자라도록 배움과 응원이라는 비를 가장 많이 내려준 사람은 선생님이었다. 선생님은 6장의 원서를 모두 역사교육과에 내고, 자기소개서를 쓰고, 면접을 준비하고, 합격하는 그 울고 웃던 순간뿐 아니라, 3년이라는 긴 시간을 함께해주셨다. 그것도 나와 가장 가까운 곳에서. 내가 해낸 것의 8할은 선생님 덕분이었다. 그 무수한 사랑을 통해 이만큼 성장할 수 있었다.

하지만, 성장이라는 빛의 이면에는 나도 모르는 새에 그늘이 드리워 있었다. 3년 동안 견뎌야 했던 경쟁은 나를 천천히 무너뜨렸다.

"오늘 시험 어땠어? 몇 점이야? 난 그거 틀렸는데… 망했네. 등급 컷 어떻게 될까."

시험이 끝난 한국 고등학생이라면 너무나 익숙한 대화겠지만, 이게 싫었다. 내가 말하면서도 싫었다. 그동안 노력했던 순간은 깡그리 잊히고 결과만 남는 이 상황이, 좋아하는 친구들이 시험을 못 봐야 상대적으로 내가 잘 본 게 되는 이 체계가—이런 게 나를 곪게 했다. 주변에선 친하든 친하지 않든 '나의 공부'를 궁금해했다. 내 성적표를 가져가 제 맘대로 돌려보는 아이도 있었고, 질문이라도 하나 하려 하면 같이 듣겠다고 나와 부담스럽게 만드는 아이들도 있었다. 이런 게 싫었다. 이 일련의 것들이 나를 짓누르고 망쳐갔다.

그런데 어째서인지 증오의 화살은 늘 내게로 향했다. 부족함이 조금이라도 드러나는 날에는 어김없이 내가 나를 미워했다.

'너는 왜 이것밖에 못 해? 이렇게 해서 어떻게 자랑스러운 제자가 되고, 대학을 가. 두 번의 기회는 없어. 제발 실망시키지 말고, 제발… 제발 더 잘해…'

실제로 내가 썼던 일기의 구절이다. 부족한 게 당연하다는 걸, 현실을 버티며 대단히 성장하고 있는 내게 칭찬을 해야 한다는 걸 그때는 몰랐다. 70점을 맞아도 평균보단 잘했다고, 그 점수가 당시 나의 최선이었을 거라고—너무도 당당하게 말하여 엄마를 어이없게 만들었던 아이가 변했다. 내가 나를 그렇게 미워했다. 아무런 자각 없이 목표를 향해 달려가기만 하는 건 아찔한 자기혐오를 동반하고 있었다.

그럼에도 버틸 수 있었던 건 수많은 버팀목이 있었기 때문이다. 역사만큼 큰 골칫덩어리였던 국어를 극복하기 위해서 매일 선생님의 쉬는 시간을 방해하며 질문했지만, 국어 선생님은 나를 한 번도 귀찮게 여기지 않으셨다. 덕분에 첫 시험에서 68등이었던 내가 학년 마지막 시험에서 2등을 했다. 성적 입력 실수를 정정하는 과정에서 한 등수 차이로 1등급에서 2등급으로 성적이 떨어지는 바람에 속상해하자, 과학 선생님은 가짜 1등급 성적표를 만들고 위로의 편지를 써주셨다. 육아에 바쁘셨던 영어 선생님은 진심 어린 내 편지를 받을 때마다 더 진심으로 답장해 주셨다. 학년 부장 선생님은 열심히 하는 모습이 보기 좋다며 집에서 딸의 플래너를 가져다주셨고, 매일 아침 자율 학습이 끝나면 내 손을 꼭 잡고 다정한 응원을 건네주셨다. 생각나서 샀다며 먹을 걸 잔뜩 안겨주시던 음악 선생님은 퇴근 시간이 한참 지났음에도 함께 운동장을 돌며 고민을 들어주셨다. 가장 힘들었던 시절 만난 2학년 때 담임 선생님은, 지나가는 내 말 한마디 놓치지 않고 항상 날 불러다 앉혀 몇 번이고 이야기를 들어주셨다. 모든 일에 열심히 하는 내가 안타까웠던 세계사 선생님은 "그거 못해도 대학 갈 수 있어!"라며 브레이크가 고장 난 나를 매번 말려주셨다. 교무부장 선생님은 삭막한 고3 교실에 '한여름 소나기 쏟아져도 굳세게 버틴 꽃들! 파이팅!!'이라고 몰래 적고 가시는 귀여운 분이셨는데, 어디선가 내가 면접 보러 간다는 이야기를 들으시고는 큰 지퍼백에 과자의 형태를 띤 사랑을 한 움큼 담아 안겨주셨다. 수업 한 번 함께 하지 않았는데 말이다. 동아시아사 선생님은 면접 전날 대뜸 "너 교회 다니냐?"라고 묻더니 좋은 기운이 모일 거라며 웃기게 생긴 부적 사진을 보내주셨다. 늘 문을 열어두고 아이들과 소통하던 교장 선생님도 흔쾌히 면접 준비를 도와주시며, 커피도 내려주시고 교육책도 여러 권 선물해 주셨다.

쉬는 시간마다 교무실에 갔던 내가 걸리적거릴 법도 한데 늘 웃어준 선생님들, 탈진의 순간에 나를 폭 안아준 선생님들, 눈물 나도록 따스한 한마디를 건네준 선생님들—이런 어른다운 어른들이 내 삶에 있었다. 그건 아무에게나 주어지지 않는 엄청난 복이었다. 그들 덕분에 내가 날 미워하면서도 살 수 있었다. 선생님들이 시간과 마음을 내어 내게 주었던 따스한 품과 사랑은 큰 위로가 되었을 뿐만 아니라, 어떤 교사가 되어야 하는지 깨닫게 했다. 이 작은 글에 그들의 무수한 손길을 모두 담을 수 없었지만, 그것들은 단 하나도 빠짐없이 내 마음속에 남아 있다. 그건 받은 사람만의 영원한 특권이 아닐까?

그들 덕분에 잘 견뎌냈지만, 나는 꽤 심각한 상태였다. 사실 몸과 마음이 병들 수밖에 없었다. 재능이랄 게 딱히 없었던 난 겨우 맞이한 이 길이 정말 간절했다. 늦게 공부를 시작했기에 목표는 내 능력을 한참 뛰어넘어 있다고 생각했고, 날 사랑해 준 사람들이 나로 인해 실망해서는 안 됐다. 가계 사정상 실패도 절대 없어야만 했다. 늘 불안하고 조급했다. 그래서 더더욱 앞만 보고 달렸다. 날 지키며 공부하는 건, 사소한 즐거움을 누리는 건 사치였다. 무엇을 이루기 위해서 무엇을 포기해야만 했다. 열일곱의 난, 학교가 끝나고 친구들과 떡볶이 먹기를, 제시간에 가족들과 저녁 한 끼 먹기를, 그리고 자정마다 새로 올라오던 웹툰

보기를 포기했다. 잠은 매일 쪼개서 잤고 스트레스성 폭식도 일삼았다. 지금의 행복을 뒤로하고 불확실한 미래의 행복이 보장되었다고 망각한 채 3년을 보냈다.

물론, 내가 포기했던 것들이 결코 헛되지는 않았다. 간절히 바라면 이루어진다는 말은, 생생한 꿈은 현실이 된다는 말은 사실이었다. 매일 간절히 바라고 노력한 덕분에 꿈의 대학에, 그것도 그토록 갈망하던 역사교육과에 합격했다. 그러나 합격증을 받던 순간도, 사랑하는 사람에게 그걸 건네던 순간도 내 인생 최고의 날로 기억되지는 않으니 해냈다는 사실은 온전한 기쁨보단 안도에 훨씬 가까웠다고 할 수 있겠다.

'이제 끝이구나. 나 더 이상 불안 속에 하루를 살지 않아도 되는구나. 아무도 실망시키지 않아서 정말 다행이다…'

그런데, 끝은 언제나 시작과 맞닿아 있었고, 대학은 그저 또 다른 현실일 뿐이었다. 우리는 여전히 경쟁 속에서 살아야 했고, 심지어 성인이라는 이유 하나로 하루아침에 더 많은 요구와 책임을 감당해야 했다. 어른들은 "대학 갔으니 이제 걱정 없겠네~"라며 내 안녕을 쉽게 장담했다. 그 말에 그렇게 슬프고 화가 났다. 내 모든 힘을 소진해서 얻은 결과가 온전한 행복은 아니었기 때문이다. 그렇다고 내가 엄청난 행복을 바란 건 아니었다. 낭만과 로망도 딱히 없었다. 그렇지만 겨우 경쟁에서 벗어났는데 또다시 그 속에 살아야 한다는 현실만은 받아들이기 어려웠다. 물론 심심한 자유가 주어졌던 것도 사실이다. 하지만, 그 자유를 누리기 위해선 심적으로든, 경제적으로든 여유가 있어야 했다. 내겐 그 어떤 여유도 없었다.

돌이켜보면 단순한 진리—우리는 겨우 인생의 큰 장 하나를 잘 통과했을 뿐이라는 것, 행복은 거저 주어지는 게 아니라는 것, 행복하게 살기 위해선 노력해야 한다는 것—를 몰랐다. 노력할 힘조차 없던 난, 젊은 빛으로 가득 찬 넓은 캠퍼스와 열정적으로 지식을 뽐내는 사람들이 가득한 수업 시간이 싫었다. 통학길 만원 버스에서 울기 일쑤였던 내 모습과 대조되어서 그랬다. 어쩌면 그것들이 아닌 나를 싫어했다고 이야기하는 게 적절할지도 모르겠다.

그 방황의 시간 속에서 또다시 날 꺼내준 건, 또다시 날 살려준 건 나를 참 많이 사랑해 준 선생님들이었다.

"너로 인해 난 또 하나 더 배웠어.

아이들은 내가 생각하는 것보다 더 큰 가능성을 갖고 있다는 걸 말야.

넌 교사가 되기에 좋은 자질을 이미 갖추고 있으니 대학 가서는 맘껏 즐겨~

바쁘다고 못 온다고 하면 샘은 엄청 기쁠 것 같아.

대학 생활 잘하고 있군~ 생각하면서 말야.

늘 남을 먼저 챙기며 사는 현경이가 자신을 더 챙기고 즐겼으면 좋겠다.

넌 충분히 그럴 자격이 있으니깐.

현경.

난 니가 행복했음 좋겠어, 정말로~.

행복해지려면, 이것저것 많이 해봐야 해.

'활동' 말고, 진짜 하고 싶은 일을 찾아서.

내가 엄청 많이 아끼고 사랑하는 우리 현경이가 무엇을 하든
지지해 주는 내가 있으니까 나 믿고 뭐든 해봐.
청춘을 즐겨봐~
청춘, 청춘을 빛나게 살자."

나를 생각하며 편지 속에 눌러쓴 진심과 사랑이, 그 다정한 어절 하나하나가 무너지던 스물을 지탱했다. 그렇게 특별하고 대단하다고 생각했던 사람이 내가 괜찮은 사람이라고 말해주는 게, 내 행복을 진정 바라주는 게, 자신을 믿고 무엇이든 해보라는 게 세상 무엇보다 든든했다. 그 따스한 응원의 품속에서 처음으로 나도 행복할 자격이 있음을 배웠다.

"현경아.
내일 죽는다면 어떤 게 제일 후회될 거 같아?
무엇을 제일 하고 싶고, 누구를 가장 만나고 싶을 거 같아?
이 질문에 대해 깊이 생각하다 보면 네 마음을 가장 잘 알 수 있어.
뭐를 해도 좋은데 자신을 탓하거나 미워하지만 않으면 돼.
세상에 가장 온전하게 내 편일 수 있는 건 오직 나뿐이니까."

더 넓은 세상을 보게 해준, 내 인생을 살려준 물음이다. 고백하자면 한 번에 이해하지 못했다. 유행하던 MBTI로 따지면 난 완전히 S유형(감각형)이다. 상상이라는 행위는 의식적으로 해야 하는 내가 어떻게 내일 죽음을 상상할까? 또, 자신을 1순위로 두고 살아야 한다는 가르침에 "그게 가능해? 난 한 번도 그렇게 살아본 적이 없는데."라고 생각하던

중학생이 그대로 자랐는데, 평생 타인의 기쁨을 행복 삼아 살았는데, 그런 내가 어떻게 하루아침에 나를 위해 살까. 그렇지만, 사랑하는 선생님의 진심이기에 되뇌었다. 그 끝에 이대로 죽고 싶지는 않다고 생각했다. 이대로 죽으면 불안에만 떨었던 내 인생이 퍽 억울할 거 같았다.

진정한 행복을 찾는 건 온전히 내 몫이었다. 우선 난 살기 위해 주저앉아버렸다. 인생 계획에는 없었지만, 용감하게 휴학을 결심했다. 그러고는 마음의 문을 두드리며 하나씩 행동했다. 가장 먼저 걸었다. 이런저런 핑계로 가지 않았던 동네 하천을 따라 몇 시간이고 걸었다. 어느샌가 교실과 강의실에선 절대 알 수 없던 계절의 흐름이 느껴졌다. 사라져간다고들 하는 봄 내음은 여전히 분명하게 존재했고, 여름해가 길어지면 담장을 따라 능소화와 장미가 피었다. 가을바람이 선선히 불기 시작하면 낙엽이 소리 없이 물들었고, 눈송이가 세상을 하얗게 뒤덮으면 신기하게도 포근한 하루가 이어졌다. 그건 내가 모르는 세상이었다.

그리고 그동안 해보지 못한 것들을 하나씩 했다. 카페에 여유롭게 앉아 엄마와 이야기를 나누었고, 햇살 좋은 날엔 반짝거리는 코를 킁킁대는 나의 강아지와 물길을 따라 걸으며 오리 가족을 구경했다. 아르바이트를 하며 오전의 바깥세상을 경험했고, 집에 돌아와선 낮잠도 실컷 잤다. 친구들과 진탕 술을 마셔보기도 했고, 가깝게 또 멀리 여행을 가기도 했다. 혼자 이곳저곳 돌아다니며 만난 아름다움을 눈 속에 또 사진 속에 담았고, 마음에 드는 것들을 하나씩 사보며 취향도 찾아갔다. 살기 위해 전문 상담가를 찾아갔고, 그렇게 싫어하고 못 하던 운동도 시작했다. 오랜 시간 꿈속에만 그렸던 뮤지컬도 보러 갔고, 내 힘으로 독립도 했다.

좋아한다고 말할 수 있는 순간이 점점 많아졌다. 그리고 그런 것들로 하루를 채우는 연습을 하다 보니, 너무 행복해서 눈물이 났다는 그 뻔한 말이 이해되는 순간을 만났다. 나를 사랑하는 건 어려웠지만 멈출 수 없었다. 그 일련의 노력을 1년보다 조금 더 하고 나서야 내가 나를 아주 조금은 아껴줄 수 있었다. 정말 오랜만에 마음을 통해 이런 말이 나왔다.

'행복하다. 이런 게 삶이면 살아볼 수 있겠다.'

나는 요즘도, 내일 죽어도 여한 없기 위해 노력한다. 나를 힘들게 하지 않는 선에서 몸과 마음을 잘 돌본다. 사랑하는 것들에 마음을 더 많이 두고 행동하며, 그렇지 않은 것에 있어서는 관망을 연습한다. 물론 그런 노력에도 여전히 인생은 갈피를 잡기 어렵다. 행복은커녕 세상이 날 어디까지 시험하나 싶을 정도로 지치는 날도 있고, 도망치고 싶을 만큼 인생이 버겁게 느껴지는 날도 있다. 그런데 또 살다 보니, '이래서 살아야 하나' 싶게 좋은 순간을 사랑하는 사람들과 나누고 있고, 그날까지는 무탈하게 살게 해달라고 기도할 정도로 기대되는 날도 생기더라.

이렇게 우왕좌왕하는 인생에 확실한 게 있다면, 잘 고쳐서 살면 살아진다는 것과 나부터 살아야, 내가 행복해야 사랑하는 사람들을 지킬 수 있다는 것이다. 내 방황은, 내가 울던 셀 수 없는 밤은 성장의 연습이었다. 울지 않는 사람에게 성장은 없다. 간절히 바라는 무언가를 해내려면, 쉽게 무너지지 않으려면, 우리들을 사랑하려면, 또 행복하려면 노력해야 한다. 나는 나를 지키기 위해 오늘 하루도 부단히 노력한다.

이생에 또 한 번은 다시 만나고픈, 행복했던 순간.

3장
사랑을 전하는 어른

"그래서, 왜 여전히 교사를 하고 싶은 건데?"

이 질문에 답하기 위해 그리도 길게 나를 이야기했다. 사실 나도 알고 있다. 학교에는 점점 마음이 아픈 아이들이 늘어나고, 때때로 교사의 권리와 권위는 온전히 인정받지 못한다는 것을. 우리 교육이 방향을 잃은 것처럼 보이기도 하고, 현장에서 고된 순간을 묵묵히 견뎌온 선배 교사들에게도 여전히 학교가 어렵다는 것을. 사실 나도 여전하다. 아직도 역사에 대해 아는 것은 그다지 없고, 심지어 가끔은 역사가 밉다. 또다시 무너질지언정 마주해야 하는 임용고시도 여전히 두렵다. 그럼에도 샛길을 찾지 않는 이유는 내가 이 길을 아주 많이 사랑하기 때문이다.

학교 현장 실습을 마치고 강의실에서 수업을 듣다 이런 생각을 했다.

'이 길 선택하기를 정말 잘했다.'

그런 생각을 한 건 처음이었다. 교육 실습 한다고 하니 마음을 내어 응원을 건네준 소중한 친구들과 어른들, 당연한 것이 아닌데 당연한 것처럼 밥을 사주러 와주신 선생님, 그리고 학교에서 맞는 첫 스승의 날을 축하한다며 좋아하는 꽃을 보내주신 선생님 때문만은 아니었다. 사랑하는 사람들이 먼저 간 길을 따라 걷고 있다는 게 실감 나서 좋았고, 역사를 공부하는 사람들과 흥미로운 이야기를 나누는 수업 시간도 좋았으며, 이제는 좀 안정되었다고 느끼는 나 자신도 좋았다. 그리고 무엇보다 학교가 좋았다. 사랑스러운 우리 아이들은 내가 준 마음보다 더 큰 마음을 선물해 주었고, 선배 교사들은 여전히 아이들의 곁에서 그들을 지켜보고, 안아주고, 다정하게 위로하고 있었다. 내가 이런 것들을 너무 사랑해서 차마 놓지 못한다.

그리고 내가 도전할 수 있는 직업 중에서, 그동안 받아온 사랑에 보답할 수 있는 건 교사뿐이라고 생각한다. 나는 사회에서 사랑과 도움을 많이 받으며 성장했다. 그래서 내가 받은 것들을 아이들에게 꼭 돌려주고 싶다. 그들이 더 잘 살 수 있도록 학교도 다닐만한 곳이라는 걸, 우리 사회에도 따뜻한 품을 가진 어른이 있다는 걸, 답답한 삶일지라도 노력 속에 행복은 분명 있다는 걸 말해주고 싶다. 그래서 누군가 교사에 대해 제기하는 모든 문제에 대해 "그렇지만."이라는 대답으로 일관하며 여전히 교사를 꿈꾼다.

"그래? 네가 그렇다면 해야지 뭐. 그럼 넌 어떤 교사가 되고 싶어?"

고민하지 않은 날이 없었다. 처음에는 마냥 좋은 교사가 되고 싶었는데 생각하면 할수록 그건 불가능에 가까웠다. 학생들은 나름의 이유를 들어 좋은 교사와 그렇지 않은 교사를 규정한다. 그 이유는 모두 다르고, 어떤 학생에게는 좋은 교사가 다른 학생에게는 그렇지 않을 수도 있다. 변화무쌍한 학교에서 '좋은 교사'를 형용하는 것이 이 시대에 얼마나 큰 의미를 가질까? 학교에는 좋은 교사가 아니라 우리 사회만큼이나 다양한 사람이 존재해야 한다. 그래야 아이들은 많은 것을 배울 수 있다.

물론, 좋은 사람이 늘어날수록 학교가 따스해지는 것은 응당 옳은 진리이다. 그런데, 소수의 사람들은 이 진리를 핑계 삼아 좋은 교사를 규정하고, 교사라는 직업을 가진 개인의 삶을 멋대로 재단하며, '이건 절대 지켜야 할 선(善)'이라며 비상식적인 도덕성을 요구한다. 나는 그들에게 묻고 싶다. 그렇게 좋은 교사를 강제하면 좋은 아이들만 자라는가? 그래, 그렇게 좋은 아이들을 길러냈다고 치자. 그렇다면 우리 사회는 좋은 아이가 부끄러운 행동은 하지 않는 어른으로 자랄 수 있도록 돕는 사회인가? 또, 어른이 진정한 어른으로 남을 수 있도록 정의로움을 존경하는 사회인가? 개인에게, 또 특정 집단에게 모범을 강요하기 전에 사회를 돌아봐야 할 필요가 있다. '좋은 사람이 늘어날수록 따스한 집단이 된다'는 진리는 비단 학교에만 해당하는 것이 아니다. 우리 사회는 좋은 교사가 아니라, 배울 점이 있는 괜찮은 어른이 필요하다.

"나는 나를 버리면서까지 좋은 교사가 되는 것에 집착하고 싶지는 않아."

어른으로서 바로 서기 위해, 아이들을 더 오래 사랑하기 위해 나를 버리면서까지 지켜야 하는 압박을 내려놓기로 결심했다. 악한 교사가 되겠다는 건 결코 아니다. 그저 나부터 행복한 어른이 되어야 세상을 온전히 사랑할 수 있고 아이들에게 행복도 가르칠 수 있기에 그렇게 결심했다. 만약, 타인의 행복만 기쁨으로 여기던 내가 그대로 자라 여전히 나를 지키지 못한다면, 아이들에게 이렇게 말할 수 있을까?

"나의 행복을 찾고, 나를 사랑하는 건 무엇보다 중요한 일이야. 매일 마음을 잘 들여다보고, 좋은 것을 선택하며 너를 아껴주어야 해. 그리고 충만한 네 삶을 바탕으로 타인과 세상에도 사랑을 보내봐. 그건 정말 보람 될 거야."

교사의 삶이, 어른의 삶이 행복하지 않다면, 내 선택에 대한 온전한 책임과 삶의 행복, 진실한 사랑을 가르칠 자격이 있을까? 아이들은 어른을 보며 꿈꾸고 성장한다. 그래서 난 진실이 아닌 걸, 진심이 아닌 걸 가르칠 수 없다. 그렇게 하고 싶지 않다. 그게 어른으로서 지켜야 할 최소한의 도리라고 생각한다. 저 말은 내게도 실천하기 어렵지만 노력한다. 아이들에게 고통이 0에 수렴하는 세상은 아니더라도 진실되고 다정한 세상을 물려주고 싶어서. 그런 세상을 만들어야 한다고 가르치고 싶어서. 혹여 이 글을 읽는 당신도 '좋은 교사가 될 수 있을까?', '나는 좋은 교사인가?'에 대해 고민하고 있다면, 먼저 자신의 행복을 찾아보는 건 어떨지 아주 조심스럽게 제안해 본다. 그리고 그렇게 마음을 쓰는 당신은 이미 괜찮은 사람일 수도 있다. 잘하고 싶지 않은 사람은 아이들과 학교에 대해 그리 고민하지도, 이야기하지도 않는다.

선생님이 좋아서 시작한 길이었지만, 이제는 진심으로 이런 교사가 되고 싶다. 무엇보다 큰 이유는 우리 아이들이 세상에 어떻게 비춰지든 내 눈에는 꽤 사랑스럽기 때문이다. 무얼 해서, 무얼 하지 않아서 그런 것만은 아니다. 그저 어른도 무너지기 쉬운 세상에 치열하게 자신을 뿌리내리고 있는, 그러면서도 작은 것에 헤실거리는 그들이 예쁘다. 그런 그들을 보고 있으면 나도 걱정은 잠시 잊고 괜히 웃게 된다.

5월에 만난 아이들도 그랬다. 실습 마지막 주에 여느 때처럼 조례를 끝내고 얼른 실험실로 이동하라고 잔소리를 하고 있었다. 그런데 아이들 귀에는 '선생님 잔소리는 기가 막히게 잘 걸러주는 필터'가 있는 걸까? 내 말은 잘 안 들리는지 그저 밤새 쌓인 이야기보따리만 서로에게 열심히 풀고 있었다. 어라, 내 눈에도 기막힌 콩깍지가 씌었나? 그 모습이 예뻤다. 헤어진 지 하루도 채 안 됐으면서, 이른 아침이라 피곤에 눈꺼풀이 잔뜩 무거워져 있으면서 그렇게 서로 좋다고 웃는 모습이 예뻤다.

혀끝에 사랑한다는 말이 맺혔다. 찰나에 심히 고민했다. 난 왠지 그 말이 너무나 사랑스러워서 내뱉기 간지럽고 쑥스럽다. 그래서 늘 그렇다고 말하기보다는 내 행동 어딘가에 다정함으로 포장해 슬며시 숨겨두고는 한다. 심지어 엄마와 아빠에게도 말이다. (이 틈을 빌려 사랑한다는 말을 전해본다.) 아- 그렇지만 지금 말하지 않으면 평생 후회할 것 같았다. 후회는 부끄러움보다 가슴 깊이 남으니 하기로 결심했다.

"얘들아……! 사… 사랑해!!"

아이들은 하나같이 나를 쳐다보며 웃음을 빵 터트렸다. (역시 잔소리만 안 들리나보다.) 그 해맑은 웃음소리가 도망친 복도 끝에서도 들렸다. 익히 들었던 소문—교사는 늘 외사랑을 한다—이 사실임을 느낀 순간이었다.

부끄러운 내 고백이 잊힐 때쯤, 오지 않을 것만 같던 실습 마지막 날이 찾아왔다. 귀여운 분주함을 모른 척해줘야 했던 그날 오후, 아이들은 자신의 마음을 가득 담은 편지를 읽기 쉽게 차곡차곡 앨범에 넣어 전해주었다. 편지는 서로의 마음이 영원히 남아 그 무엇보다 좋아하는데…. 요즘 같은 시대에 이런 클래식한 진심을 만날 수 있다니. 역시 학교는 내 취향이구나.

제한된 분량으로 힘들게 선정한,
극히 일부의 사랑스러움.
다른 것들은 내 마음속에
소중히 간직해두었다.

아이들이 건네준 한마디 한마디는 눈물 콧물을 쏙 빼게 만드는 명대사였다. 그것도 마음에 영원히 남을 26개의 명대사. 한 마음씩 들여다보며 깨달았다. 날 보면 달려와 안아주던 아이도, 자신의 몸을 내게 향하고 반짝이는 눈으로 날 쳐다보던 아이도, 표현 하나 없이 시크하게 날 대하던 아이도—모두 내 사랑을 느끼고 있었음을. 아이들은 내 말과 행동을 통해 내가 그들을 참 많이 사랑했음을 느끼고 있었다. 외사랑이 아니었다. 어떤 아이와는 짝사랑을 했고, 또 어떤 아이와는 풋사랑을 했다. 받은 사랑을, 자신의 사랑을 표현할 줄도 알다니. 세상에 이 얼마나 진실되고 사랑스러운 아이들인가.

아이들에게서 생각지도 못한 것을 배웠다. 잊어버린 순수함, 꾸밈없는 사랑과 진심, 그리고 온전히 내 것인 적 없던 아이다움. 그들이 아니라면 어디서도 배울 수 없는 것들임이 분명하다. 그래서 난 그들의 시간 속에 함께하고 싶다. 다정하게 보호하고, 때로는 약이 될 쓴소리도 하며 삶을 나누고 싶다. 맑은 햇살 아래에서 얼굴을 맞대며 말갛게 웃고 싶다. 교사가 아이들을 바라보며, 또 아이들에 대해 이야기하며 입가에 미소가 번지는 모습이 그렇게 좋다. 그런 교사가 되고 싶다.

따스한 교사들, 반짝거리는 아이들 그리고 온기와 순수함이 살아있는 학교가 좋다. 그들을 사랑함으로써 온전한 내가 되었기에 부족할지라도 매일의 최선을 다하며 이 길을 걷고 싶다. 앞으로 달려갈 길에 비하면 달려온 길은 시작에 불과하다. 그렇지만 소중한 시간을 기록하는 걸 좋아하는 나는 이 이야기를 써 내려가는 매 순간 아리도록 행복했다. 많이 웃었고, 위로 받았고, 사랑을 느꼈다. 나의 마음은, 이 글은 실로 진심이었고, 진심에는 언제나 큰 힘이 깃든다고 믿는다.

학교를 거쳐 간 모든 이들에게,
사랑이 많은 나날이 펼쳐지기를 온 마음을 다해 바란다.

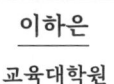

이하은
교육대학원
체육교육 석사과정

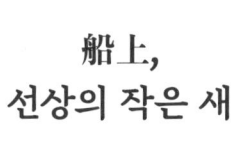

船上,
선상의 작은 새

○ ○ ○
자유 속 뛰놀던 어린 나, 어린 새.
어둠에 던져져 벌새처럼 펄럭거린다
마침내 우뚝 선 나는 철새처럼 비행한다

이제는 어떤 새가 되어볼까
참새가 되어 방앗간을 기웃거릴까 싶다가도
공작새가 되어 그저 아름답고 싶어 한다

그러다 문득 깨닫는다. 어떠한 모습도 결국 나라는 것을
분주한 날갯짓, 방랑의 날갯짓, 일상의 날갯짓
심지어 그저 존재하는 날개만으로 충분하다는 것을

깨닫고 나니 정리가 고파진 모양이다

흩날리던 인생의 원고지를 한곳에 모아본다
써 내릴 페이지마다 지나온 날을 기억하고, 펼쳐질 미래를 기대하며

종이배

　잔뜩 솟은 아빠의 어깨에는 언제나 내가 있었다. 가파르게 솟아있지만, 단 한 번도 떨어진 적 없는 아주 안정적인 곳이었다. 자석처럼 강한 자식 사랑이, 내 발아래 붙어 나를 끌어당기고 있었으니. 그 단단한 힘 위에서 끝없이 자라나며, 어느덧 20대의 한가운데에 다가선다. 딱 지금의 내 나이대인 엄마에게, 한 살 더 많은 아빠가 쓴 연애편지는 두꺼운 서류 파일을 빼곡히 채웠다. 참 멋진 필력을 자랑했지만, 어린 나이에 부모님—한 번도 뵙지 못한, 보고 싶은 나의 할머니, 할아버지—을 여읜 아빠는 당신의 재능을 살펴볼 만큼 여유롭지 못했다. 나는 그런 아빠를 대신하여 한 번쯤 세상에 글을 놓아보고 싶었다. 아빠와 비교하면 턱없이 부족한 필력이지만, 자식이라는 콩깍지에 싸인 나는 너무도 잘난 딸이라. 아빠가 참 좋아할 것 같았다. 그렇게 아빠와 나는 '글'이라는 하나의 꿈을 함께 꾸기 시작했다.

　○ ○ ○
　그리고 그 꿈을 위해 띄운다.
　궂은 날씨에도 기꺼이 출항하는 아빠의 배 한 척, 아빠의 인생
　그 옆에, 여전히 첨벙대는 내 자그만 종이배를.

2장
작은 새의 인트로

아직은 나의 종이배를 믿지 못한다. 첨벙대는 모습이 위태로워 보여 내 몸을 맡기지 못하겠다. 그럼에도 곱게 접힌 나의 종이배는, 아빠의 사랑 담긴 배 옆에 안심한 채 흐른다. 지금의 작은 새는 여전히 아빠의 선상에서 쉬어가지만, 마침내 나만의 종이배에 둥지를 틀 것이다. 그 미래를 기대하며 나의 지나온 날을 기록해 두고자 한 편의 글을 써 내린다.

자, 이제 이야기의 시작답게 사람들의 공감을 살, 다들 겪어 봤을 만한 익숙한 소재로 관심을 끌어봐야겠다. 공통점이라는 건 악감정도 미운 정으로 바꿀 수 있는 대단한 요소이기 때문이다. 약간 외람된 말이지만, 나는 진심이 아닌 무조건적 공감은 선호하지 않는다. 그래서인지 지금도 본능적으로 사람들에게 익숙한 소재로, 진심을 다한 공감을 사려는 것 같다. 공통점에서 오는 진정한 공감만이 거부감 없이 유연하게 스며들기 때문이다. 진심이 아니라면, 반사적 공감보다는 자신의 생각을 솔직히 피력하는 것이 더 매력적이고 진실되게 느껴져서 좋다. 그러니 지금부터 내 이야기를 읽는 이들도, 나의 선택과 다짐에 때로는 공감하되 때론 반론도 하며 자신의 흔들리지 않는 주관을 쌓았으면 한다.

본론으로 돌아가, 앞서 언급한 '다들 겪어 봤을 만한 익숙한 소재'를 꺼내야겠다. 중·고등학교와 달리 초등학교 시절엔 장래 희망을 적는 칸이 두 개였다. 요즘엔 어떨지 모르겠으나, 이 이야기를 읽는 분들이라면 대부분 같은 회상 거리를 가졌겠다는 생각이 든다. 그 두 개의 칸 중

하나는 내가 바라는 진로, 나머지 하나는 부모님이 바라는 아이의 진로였다. 같은 크기로 주어진 여백에 각자 다른 글자를 채웠지만, 서로의 마음은 결코 다르지 않았다. 매번 새로운 장래 희망을 쓰는 나와 달리 언제나 변함없는 글자로 마음을 나란히 해 주신 부모님 덕이었다. '아이가 원하는 것.' 그토록 오래된 응원과 지지, 영원한 사랑과 물음이 나를 이곳까지 오게 해주었다.

그리 수시로 바뀌었던 나의 칸에는 '체육 교사'라는 단어가 자리를 잡았고, 그 단어를 배경 삼아 내 인생 에피소드를 정리해 보고자 겨우 22년 짧게 보낸 삶을 돌아봤다. 별것 없으리라 생각했던 회고 직전의 예상과 달리… 라는 말을 쓰고 싶었으나, 회고 후에도 예상처럼 별것 없던 짧은 생이다. 물론 판단은 언제까지나 주관적인지라 남들이 보기엔 어떨지 모르겠으나, 내 기준에서 내 삶은 너무나도 빈 껍데기였다. 뭔가 한다고는 하는데 정작 속은 비어 있는 느낌이었다. 더 많은 걸 배우고픈 열망에서 오는 허전함일까 싶은 마음에 더욱 열심히 살 것이라 마음먹지만, 행동으로 옮겨짐에는 매번 한계가 존재했다. 그래도 '원하는 것을 하기 위해선 하기 싫은 일을 해야 한다'라는 아주 흔한 말 아래 꾸역꾸역 인내 해오긴 했는데, 이 정도면 열심히 살고 있는 건가? 빈 속을 잘 채우고 있나? 자문(自問)이 끊이질 않는다.

아무튼, '체육 교사'로 진로 고민을 마치기 전까지는 간호사, 제빵사, 산업디자이너, 응급구조사 등 크게 관련 없는 직업들로 <나의 멋진 어른 리스트>를 꾸렸었다. 그러나 언제부턴가 그 목록은 매우 간추려져 '체육'만이 크게 자리 잡았고, 차차 언급될 나의 체육은 함께 풀어나갈 여러 방해물을 지나 내 전공이 되었다. 또 몇 번의 방황 끝에 다다른 교육대학원은 교직이라는 목표를 넘어 아빠와 내가 함께 꾸던 꿈을 펼칠 하늘이 되었다.

 나 혼자 꾸는 꿈을 이뤄 가는 것도 충분히 행복하지만, 내 인생 첫 번째 지붕이자 나의 든든한 아빠와 꾸는 꿈을 이룬다는 것은 내게 크나큰 행복이다. (여기서 두 번째 지붕은 여전히 자랑스러운 우리 집, 아빠의 봄·여름·가을을 나열해 쌓아 올린 연주황의 벽돌 지붕이다.) 그리고 더 많은 행복을 위해, 여전히 나만의 내일을 만드는 중이다.

 ◦◦◦

 자유로운 어린 새, 방황 속 분주한 벌새
 마침내 이곳저곳 비행하는 철새
 이 모든 나의 새들을
 흰 배경 위 날려 보낸다.

당신의 공터에서

 나는 왜 교사를 꿈꿨는가. 왜 하필 체육인가. 뉴스거리가 들끓는 교단. 추락한 교권. 내 머릿속을 마구 어질러놓은 고민거리를 떠들어보려 하는데, 혹여나 이야기가 무거워질까 싶은 마음에 어릴 적 귀여운 꿈 하나 먼저 얘기해 보려고 한다.

 다들 그랬을 텐데, 어릴 적엔 드라마나 영화만 봐도 수시로 꿈이 바뀌었다. 한 번은 초등학교 5학년쯤 간호사를 꿈꿨는데, 그때는 내가 당장 해야 할 일이 무엇인지도 몰랐던 나이였다. 지금 생각해 보면, 그 나이대에는 숙제를 열심히 하고, 맘껏 뛰어놀고, 부모님 말씀만 잘 들어도 됐다. 원하는 직업을 위해 밤낮으로 고군분투하지 않아도 충분히 괜찮았다. (물론 지금은 초등학교는 무슨, 유치원에서부터 영어로 생활한다는 참 씁쓸한 현실까지 도래했지만) 그 사실을 알 턱이 없는 열두 살의 나는, 부럽게도 순수했다. 인터넷을 마구 뒤져 의학 용어를 찾아 닥치는 대로 공책에 적었고, 시끄럽게 읽으며 공부했다. 지금 생각해 보면 귀엽고 웃긴 일이지만 당시에는 나름대로 정말 진지했다. 아마 집 구석구석을 헤집어 보면 어딘가에 그 공책이 있겠다는 생각에 몇 번 찾아봤는데, 아직 발견하지는 못했다. 어쩌면 그 어린 날의 열정과 순수함이 묻은 흔적은, 쓰지 않는 물건이라면 잡히는 대로 버려 버리는 엄마의 손에 또 한 번 버려졌을지도 모른다는 것이 나의 웃긴 추측이다.

하지만 버렸대도 좋다. 그래서 더 추억할 수 있는 것일지도 모르니 말이다. 실체는 사라졌지만, 여전히 나의 어딘가에서 문을 두드리며 현재의 꿈을 꿀 수 있는 행복과 용기를 준다. 그렇게 고이 접어 둔 나의 어린 날은, 시끄러운 경적과 화려한 도시 야경에 익숙지 않았던, 반짝이는 것이 없어도 나 자체만으로 반짝이던 시절이었다. 그때의 경험은 지금의 내가 교사를 꿈꾸게 된 하나의 이유이기도 하다.

여름 되면 찾아오는 개구리 울음소리와 흐린 달빛이 더욱 익숙한 작은 읍에 살았던 나는, 눈이 오면 오는 대로 근처 공터에서 눈을 먹으며 뛰어놀고, 급식소 뒤 우거진 숲에 '아지트'라는 번지르르한 말로 포장한 우리만의 공간을 만들며 놀았다. 학교 앞 도서관 구석에는 커다란 오디나무가 있었는데, 친구들과 함께 오디를 먹으며 손과 입을 보랏빛으로 물들이기도 했다. 내 인생 가장 짙은 보라색이었다. 또 동네 곳곳에는 산수유나무가 잔뜩 있었는데, 나는 달달한 오디보다 신맛 나는 산수유가 더 맛있었다. (묘사하다 보니 산골짜기 시골 마을 같은데, 그 정도는 아니다.) 여전히 신맛을 좋아하는 나는 어릴 적 먹었던 산수유 열매가 지금까지도 종종 생각난다. 이처럼 행복했던 기억들이 가지를 뻗어 여전히 먼발치에서 나를 웃게 해준다. 같은 경험은 언제든지 쌓을 수 있어도 그때의 순수함을 함께 가져갈 수는 없으니, 인생에서 가장 행복했던 순간을 꼽자면, 높은 건물이 없어 해가 들면 드는 대로 살을 태워야만 했던 어린 시절이 떠오른다.

그리도 행복했던 내 기억을 벗 삼아 어린 나만큼이나 아이들을 맘껏 뛰놀게 하는 체육 교사가 되고 싶다. 초등학교에 다니며 뛰어놀던 시절엔 그것이 얼마나 행복한 것인지 알지 못했다. 그러나 중학교를 건너 고등학교까지 들어갔을 때, 비로소 그때의 행복을 사무치게 그리워했다. 물론 지금에 와서는 고등학교 시절이 그리울 때도 있다. 인간은 언제나 지나온 삶, 현재의 이면을 선망하며 그리워하니 말이다. 아무튼, 나는 뛰어놀기를 좋아하는 아이였지만 하고 싶은 걸 하기 위해선 공부가 필수였다. 그 사실을 충분히 알고 있었기에 나름 열심히 공부했다. 하지만 행복하지는 않았다. 철없던 초·중학생을 건너 여전히 철없던 고등학생의 하루들을 보낼 때, 아침에 나가 새벽에 들어오는, 지루할 법하지만 지루할 틈이 없던 하루들을 보낼 때, 가장 행복한 순간이 체육 시간이었다. 이리저리 뛰어다닐 때면 아무 생각 없이 시간을 보낼 수 있어서 좋았다. 행복한 생각을 해서 행복한 것이 아닌, 아무런 생각을 하지 않아도 돼서 행복했다. 내게 체육은 너무나도 당연한 즐거움이었다. 여전히 같은 마음이다.

그래서인지 큰 고민이나 이유랄 것 없이 '체육'이라는 과목 자체만으로 체육대학에 진학하고자 했다. 곧장 체육대학에 진학하여 이룰 수 있는 <나의 멋진 어른 리스트>를 짜 보았고, 그 안에는 체육 교사부터 건강 운동 관리사, 스포츠 마케터, 스포츠 강사 등 여러 가지 직업이 나열되어 있었다. 그중 가장 관심이 갔던 직업이 교사였고, 그 후로 체육 교사를 꿈꾸게 되었다. '왜 하필 교사인가?'를 묻는다면 딱 2가지다.

ㅇㅇㅇ

첫 번째, 체육대학에 진학하여 얻을 수 있는 직업 중 가장 '안정적'이라고 생각했다. 아무래도 공무원이라는 세 글자가 주는 안정감은 어린 내게도 무시할 수 없는 존재였나 보다.

두 번째, 체육 시간에는 체육만 하는 '당연한 교육'을 하고 싶었다. 한창 사회에 불만을 가득 품고 살던 청소년 시기, 체육 시간에 자습을 시키는 교육 환경이 이해되지도 이해하고 싶지도 않았다. 그래서 초등학생의 나만큼, 아니 그의 반만이라도 청소년을 뛰놀게 하고 싶었고, 그러려면 난 반드시 체육 교사가 되어야만 했다.

AI가 교사를 대체한다는 말이 심심찮게 들리지만, 그것은 불가능을 떠나 불필요하다. 인간 교사만이 해내는 것들이 분명 있으며, 그 사실은 코로나19 사태로 더욱 명확해졌다. 예컨대 한 학생의 은사가 되는 훌륭한 가르침—교과 수업과 더불어 인생의 가르침이 특히 중요하다—이라든지, 특정 이유로 수행평가를 치르지 못한 학생의 평소 행실을 판단해 기회를 부여하는 것 등. 정서적인 공감과 관계 형성, 융통성 있는 가치 판단은 인간 교사만이 할 수 있다.

본론으로 돌아가, 교사를 택한 첫 번째 이유가 '안정성'이라니 생각보다 정말 단순한 이유다. 앞선 인간 교사만의 가치 있는 역할이 내게 흘러온 경우는 많지 않다. '좋은 선생님을 만나 좋은 체육 수업을 경험하고, 그 안에서 협력심과 배려심 같은 체육의 가치를 배웠다'라는 식의 거창한 이유는 내게 존재하지 않았다. 물론 안정성에 비해 거창한 '당연한 교육'이라는 이유가 있지만, 그마저 세상에 비관적인 태도에서 비롯된 느낌이지 아주 아름다운 이유는 아니다. 그저 좋아하는 것을 꿈꾸는 것 자체가 내겐 참 특별했다.

하지만 '체육이 좋아서, 운동할 때 내 모습이 좋고, 아무 걱정 없이 보내는 그 시간이 좋아서'와 같은 단순한 문장만으로 나의 애정이 설명되던 시기에, 무언가가 그 애정을 꺼내 수면 위로 오르게 했어야만 했다. 그래야만 내가 더욱 단단한 마음으로 체육이라는 거대한 애정의 중심에서 내 미래를 그려나갈 수 있었다. 그러지 않는다면 나는 또다시 초등학교 시절처럼 드라마만 보면 수시로 꿈이 바뀌는, 몸만 자란 초등학생이 되어 버렸을지도 모른다. 다행스럽게도 내 애정을 툭툭 건드렸던 무언가들이 결국 유의미한 마찰이 되어, 부딪힐수록 부푸는 거품처럼 내 안의 체육을 더욱 크게 만들었다.

차차 애기할 '나'라는 태피스트리 속 실오라기들은 순탄하지 못했던 내 꿈 '체육 교사'를 꿈꾸다 이내 내려놓고, 또다시 꿈꾸게 된 과정을 대변해 줄 것이다. 특히 지독한 오기로 유지된 꿈이라 말할 수 있을 정도로, 지나친 편견과 간섭에 사로잡힌 날도 있었다. 그래도 다행인 건, 현실의 벽을 마주할 때마다 그때 생긴 나의 오기가 그 벽을 넘어설 수 있게 한다는 것이다. 그래서 이제는 나의 꿈을 인정해 주지 않았던, 다른 길을 제시했던 이들에게 오히려 고마움을 표할 수 있게 되었다. 그들 덕에 내 꿈이 얼마나 깊은 꿈인지 수면 위로 드러내 확인할 수 있었으니 말이다.

○ ○ ○

아빠가 뛰놀던 우리 동네의 공터는 훗날 나의 공터가 되었고,
그 속에서 나는 무한한 꿈을 꾸었다.
자유로이 비행하는 여느 새처럼

4장
선명한 애정 안에서

밤은 밝을까, 어두울까? 참 뜬금없는 질문을 주변에 해 보았다. 모두가 단 0.1초의 고민도 없이 밤은 어둡다고 결론 내렸다. 하지만 노르웨이 최북단의 노르카프인들은 이와 다르게 대답할 것이다. 그들은 일정 기간 밤에는 밝고 낮에는 어두운 나라에 살고 있으니 말이다. 이것은 백야와 극야 현상으로 정의되는데, 전공자가 아닌 나는 괜한 지식을 뽐내다 얼굴 붉히고 싶지 않기에, 한여름 밤에는 밝고 한겨울 낮에는 어둡다는 간단명료한 사실만을 언급해 두겠다. 생뚱맞은 과학 이야기를 꺼내긴 했지만, 이것이 곧 나를 둘러싼 편견과 틀을 설명해 준다. 인간은 낮과 밤의 조도를 평가하듯 타인도 쉽게 정의 내리기 때문이다. 먼 나라 노르웨이는 생각지도 않은 채 보통의 밤을 정의하듯, 사람들은 나의 관심사를 묻기도 전에 얼굴만 보고 전공을 정해 준다. 꿈을 갈

망하던 시기에 전공을 정해 줬다면 참 고마웠을 텐데, 애석하게도 내가 전공을 정한 뒤에야 그것을 정해 주겠다고 나선다.

대학에 발을 들인 후 어김없이 정보를 캐물어야 하는 자리에 가면, 항상 그랬듯 서로의 전공을 궁금해했다. 뭐, 진짜 궁금한 건 아니겠지만 인사치레 정도로. 어쨌든 그럴 때마다 난 체육을 전공한다 했고, 반응은 항상 같았다. 의외라고 한다. 겉보기엔 당연히 그럴 수 있다고 생각하여 이제는 아무렇지 않지만, 처음엔 그 말들이 괜스레 신경 쓰여 이 길이 맞는가에 대한 의문을 품은 적도 있다. 내가 좋아서 하는 체육, 하고 싶어서 하는 체육이지만 훗날 학생들이 보기에도 나는 체육 교사에 어울리지 않는 사람인가? 내가 정말 잘 가르칠 수 있을까? 단순한 의지로는 쉬이 갈 수 없는 길이라는 걸 알기에, 그토록 빠른 내 걸음보다 두려움이 몇 발짝 앞서기 일쑤였다.

처음으로 체육 교사를 꿈꿨던 고등학교 시절에도, 나를 보는 타인의 시선은 지금과 다를 바 없었다. 일단 나는 어릴 적부터 운동을 좋아했고 즐겼다. 이름만 들어도 분위기 차이가 확연한 발레와 기계 체조를 동시에 하기도 했으며, 또래에 비해 나쁘지 않은 실력을 지녀 항상 육상 대회에 참가했다. 더불어 발재간은 최악이었지만 체력을 내세우며 여자 축구 대회—대회에 나갔다고 말하기 부끄러울 정도로 아주 유치한 공놀이에 불과했지만—에 나간 적도 있다. 그런데 이 모든 것은 고등학교 이전의 경험이다. 그러니까 점차 진로를 명확히 해야 할 고등학교 시절, 앞서 언급한 몇 가지 이유로 체육 교사가 되겠다는 목표가 생겼으나, 체육에 완전히 몰두하진 못했다. 고등학교라는 대한민국 청소년의 거대한 둥지 속에서 운동보단 공부에 집중해야 한다는 부담이 있었기 때문이다. 그렇게 열일곱의 나는 인생에서 운동과의 거리를 가장 멀리 두었다. 기껏해야 학교에서 하는 50분짜리 체육 수업. 그마저도 이리저리 준비하다 보면 고작 하루 40분 정도 할 수 있는 신체활동이 그 시절 최대이자 최선의 운동이었다.

그런 나의 꿈이 체육 교사라니, 어느 누가 "그래, 너 운동 좋아하잖아.", "매일 운동만 하던데?", "전공을 체육으로 하는 건 어때?" 등의 내 마음과 일치하는 문장을 입에 담겠는가. 결국 나의 선택이 타인의 편견 속 깊은 곳에 나를 가둔 셈이다. 하지만 그때도 여전히 종이에 적어 내는 진로 희망은 체육 교사였고, 그것을 알게 된 한 선생님께서는 내게 다른 전공을 권하셨다. 주말마다 학교 자습을 나가면 계시던 선생님이셨다. 나름대로 꾸준히 자습실에 얼굴을 내비친 학생이라 그런지 선생님께서는 내게 많은 관심을 주셨고, 그 관심이 자연스레 전공에 대한 조언으로 이어졌다.

하지만 아무리 내게 관심을 가지셨더라도 나의 마음속에 체육이 자리 잡고 있다는 걸 쉽게 알아차리긴 힘드셨을 것이다. 운동보다는 공부에 비중을 둔 것도 사실이고, 체육 전공자라 하면 대개 체격이 크거나 시원한 이미지를 떠올릴 텐데, 난 그 반대의 사람이기에 더욱 편견 속에 갇히기 쉬웠다. 게다가 체대 입시 학원에 다니지도 않았고, 체육 선생님께서 각종 대회 참여를 권하셔도 공부를 핑계로 매번 주저했다. 그러니 당연히 체육에 대한 애정을 겉으로 드러낼 길은 없었고, 그 선생님께선 자연스레 국어나 역사 등 나의 겉모습—물론 난 겉모습과 참 다른 인간이다—과 어울리는 과목을 추천하셨다.

근데 생각해 보면 억울하기도 하다. 내가 살던 동네는 지방에서도 읍에 해당하는 곳이었기에 체대 입시 학원이 존재하지도 않았다. 그나마 가까운 도시의 학원에 가려면 이동 시간이 꽤 있었는데, '공부'라는 굴레 속, 책상이 아닌 곳에서의 시간은 내게 사치와도 같았다. 인생 처음으로 도시와 지방의 교육 격차를 느낀 대목이었다. 부실한 교육 인프라 속에서 내 희망은 점차 무너졌고, 다른 전공을 생각해 보라는 타인의 몇 마디에 나는 당연하게도 흔들렸다. 체육이 좋다는 마음은 확고했지만, 체육을 전공하고자 함은 주변의 말과 환경에 흔들릴 정도로 확고하지 않았던 걸까. 결국 전공에 대한 진지한 고민을 시작했다.

마침내 세운 목표는 역사교육이었다. 이유는 단순하다 못해 건성이었다. 역사적 소재를 다룬 드라마가 좋다는 이유만으로 역사를 택한 것이다. 체육이 좋다는 이유로 체육 교사를 꿈꾼 것과 비슷한 부피였지만, 그 애정의 밀도 차는 매우 컸다. '나는 사극을 좋아한다'며 역사를 향한 애정을 정의한 것이, 한순간에 무너질 말이라는 걸 역사교육을 택하자마자 알아차렸다.

사극만 골라 봤던 시절, 어쩌면 그것은 역사적 소재에의 관심이 아닌, 흥미진진한 드라마를 향한 관심이었을지도 모른다. 막상 이론 공부를 하려니 너무 재미가 없었다. 잘 짜인 연출 아래 흥미진진한 역사 이야기는 재밌었지만, 종이 속 활자로 겪은 역사는 말 그대로 골머리 앓을 지경이었다. 당시 왕들의 업적은 기본이며, 중앙정치니, 지방 통치니 별의별 내용을 외워야만 했다. 단어들은 어찌나 어렵던지 지금에 와서는 기억도 잘 나지 않는다. 그래도 내가 내린 선택이니 시도는 해 보자 싶어 역사 동아리에 들어갔다. 다양한 봉사 활동, 기념 배지 판매 및 수익금 기부, 역사 영화 감상 등 할 수 있는 활동은 전부 했다. 하다 보면 나의 진짜 마음을 알 수 있겠다고 생각했기 때문이다. 하지만 역시, 긴 고민이 아닌 단순 도피의 선택이라 그랬던 걸까. 꾸준한 활동에도 그다지 큰 흥미가 생기지 않고 금방 싫증이 나 버렸다.

그때 내게 가장 중요했던 건, 행복함을 느끼지 못하는 것에서 오는 또 하나의 방황을 해결하는 것이었다. 결국, 원점 회귀. 나는 체육이 너무 좋았다. 운동이 좋았고, 운동하는 내 모습이 좋았다. 그리고 그때의 난 진심으로 행복했다. 아주 뛰어난 재능이 있는 건 아니었지만, 어떤 종목이든 노력하면 금세 터득할 수 있으리라는 자신감은 있었다. 대단한 근거라곤 없는 자신감이었다.

하지만 지금에 와서 생각해 보면, 근거가 없었기에 그 자신감이 더욱 단단해졌던 것 같다. 근래 어디선가 들은 말 때문인데, 근거 있는 자신감은 매우 연약하다는 얘기였다. 만약 경쟁에서 '1등'을 했다는 것만을 근거로 자신만만하다면, 나보다 우월한 사람이 만연한 곳에 놓일 때 그 근거는 한순간에 사라져 버린다는 것이다. 다행히 나의 자신감은 특정한 근거가 없는 축에 속했다. 남과의 비교를 통한 근거나 수치적 근거를 내밀기보단, 나의 '즐거운 체육'만을 자신감 속에 투영했다. 단지 "이 정도 애정이라면 어떤 종목이든 정복하겠는데?"라는 귀여운 근자감(근거 없는 자신감)만이 자리 잡고 있었다.

아무튼, 회귀한 원점에서 '체육 교사'라는 목표는 다시금 떠올라 확고해졌고, 더는 남들의 말이 들리지 않았다. 그와 더불어, 교육 격차를 느낀 나의 경험을 바탕 삼아 교육적 인프라가 부족한 곳의 아이들에게 학교 교육만으로 꿈을 펼칠 수 있게 하리라는 세부 목표까지 생겼다. (이 목표는 현재 고려대학교 교직팀에서 진행하는 '쿠쌤 멘토링', 즉 교육 소외 지역을 대상으로 한 봉사를 통해 자그맣게 실현 중이다.) 학생으로 꿈꾸는 최대 희망인 진로 희망조차 망설이게 했던, 부족하기 짝이 없는 내 동네의 교육 인프라. 그것은 남들의 편견에 맞선 고민의 시간과 함께 내게 일종의 사명감을 심어 놓았다. 이런 걸 생각할 때마다 세상의 모든 것은 상대적이라고 느낀다. 내 발목을 잡았던 교육 인프라의 부재는 이제 내게 확고한 목표 하나를 심어 줬고, "너는 국어가 어울려"라는 남들의 말은 나를 잠깐 방황의 굴레에 가뒀다가 끝내 내 진로를 전보다 명확히 해 주지 않았는가. 인생을 살아가면서 자신만의 목표가 있고, 그것을 이룬 미래를 꿈꾸며 희망을 품고 산다는 것은 너무나도 큰 축복이다.

그렇게 나만의 크고 작은 목표를 만들었고, 여태껏 내가 내린 결정 중 남들의 불필요한 충고를 기꺼이 쳐낸 것이 단연코 최고였다. 나만의 소신을 품은 채 체육이라는 목표를 향해 도약했고, 그 결과 체육대학이라는 큰 나무 아래 몸을 기대게 되었으니 말이다. 나보다 빠른 속도로 달리는 동기들, 나보다 멋진 영법을 구사하는 동기들이 만연한 곳이었지만, 고등학교 시절 키워둔 근자감 덕에 기죽지 않고 굳건히 내 꿈을 지킬 수 있었다. 그래도 그들만큼, 아니 그들보다 체육을 사랑한다고 자부하며.

다만 딱 하나 안타까운 건, 편견 묻은 시선이 아직도 날 찾아온다는 것이다. 물론 딱 하나 다행인 것도 있다. 그 편견을 대하는 나 자신이 변했다는 사실이다. 이제는 더 이상 타인의 말에 휩쓸리지 않는 마음을 품었다. 그저 "다들 그렇게 얘기하시더라고요~"하며 익숙하단 듯 넘기거나, 조금 더 편한 사이엔 "반적 매력이죠?"하며 뻔뻔히 능청을 떨기도 한다. 이처럼, 쓸데없는 고집은 부리지 않는 편이 좋지만, 나만의 소신을 품고 줏대 있게 사는 삶이란 굉장히 매력 있다고 생각한다.

ㅇㅇㅇ

자유롭던 어느 새는
방황에서 벗어나려 분주히 날개를 움직였다.

꿀벌보다 부지런한 날갯짓으로 꿀을 먹는 벌새처럼
결국 본인의 힘으로 본인의 꿀을 차지한다.

나의 잔디 위에서

　근거 없는 자신감으로 도착한 체육대학, 안타깝게도 그 위에는 매섭게 드리운 좌절감이 있었다. 지금에 와서 그 좌절은 '나의 성장을 도운 고마운 조력자'로 정리되었지만, 당시엔 나를 한없이 짓누르던 하나의 돌덩이에 불과했다. 근자감으로 겨우 버티고 있는 내게, 좌절감은 나의 지탱을 무색하게 만든 존재였다. 이번 이야기에선 그때의 나, 그럼에도 여전히 나였던 시절을 장황하게 줄지어 보려고 한다. 그러니 다들 힘겨웠던 날의 자신을 돌아보며, 그 또한 지금의 나를 위한 하나의 외출이었음을 깨닫길 바란다. 그리고 다시 돌아온 당신의 공간에서, 또 다른 외출을 준비하길 바라며 나의 어두웠던 시간을 열어 본다.

　인생 최대 몸무게를 물어본다면 정확한 수치는 말을 아끼겠다. 하지만 최고점을 찍은 시기에 대해서는 몇 날 며칠을 꼬박 새워 떠들 수 있다. 고3 대입을 끝마치고 올라간 체중계는 내게 충격적인 수를 보여 주었다. 대한민국에서 중2를 피하는 것이 일종의 섭리로 여겨지고 있는데, 사실상 사람들이 진짜 피하는 대상은 고3이 아닐까. 피하고 말고에 대해 왈가왈부하는 것조차 크나큰 신중함이 필요할 정도의 대상일지도 모른다. 대한민국 고3의 삶은 공부를 하든 안 하든 괜한 무게감이

가중되어 몸이 무거워진다.

내 몸을 지나치게 부풀린 고3의 시기. 나름의 노력으로 대입을 준비해 원하던 전공으로 입학했다. 그러나 그 결과가 썩 만족스럽진 않았다. 어쩌면 노력 앞에 '나름'이라는 단어가 붙어 버린 것부터 최선의 노력은 아니었음을 넌지시 알려 주는 것인가. 최선이라는 단어를 붙이기엔 부족했다는 생각에, 마음 한편이 불편해져 '첫'조차 적지 못했다. 몇 주에 걸쳐 이뤄진 합격 발표는 마을 피조차 없어질 지경에 다다랐을 때쯤 모두 끝이 났고, 난 기어코 마주한 결과에 크게 만족하지 못했다. 솔직히 지금 생각해 보면 내 노력 수준에서 지나치게 벗어난 수준의 대학은 아니었는데 말이다. 오히려 내가 그 대학의 그릇을 채우지 못할 정도의 수준이었을지도 모른다.

그러나 거대한 희망을 품고 살던 그 시기에는 입시 결과가 전혀 만족스럽지 않았던 듯하다. 그래서 또 한참을 방황했다. 남들의 말에 방황하던 고등학생의 나를 겨우 건너왔는데, 다시 그 속에 갇혀 버렸다. 불만족스러운 대학에서 즐거운 캠퍼스 생활이라도 누렸다면 모를까, 그건 언제까지나 이상일 뿐 현실은 팬데믹의 만연이었으니. 내 아쉬움과 후회는 방황의 한가운데에서 점차 부피를 키워 갔다. 만약 과감히 휴학을 신청하고 재수를 했다면, 더 만족스러운 대학에 갈 수 있었을지도 모른다. 하지만 그러고 싶진 않았다. 보장되지 않은 결과에 두려움이 너무 컸으며, 그 어떤 것도 내게 용기를 주지 못했다. 낯설고 어려운 의학 용어도 순수히 외우던 나였는데, 더 이상 그 순수함은 내 곁에 존재하지 않았다.

그러니 그때의 난 노력도, 만족도, 아무것도 하지 않는 한심한 베짱이에 불과했을 뿐이다. 게다가 시간이 소중하단 사실은 꿈에도 모른 채

어리석은 낭비만 마구 해댔다. 그렇게 부정의 시간을 흘려보내다 훌쩍 2023년에 들어섰다. 애교심이 없던 나는 학교 도서관조차 대학교 3학년이 되고 나서야 제대로 둘러보았고, 우연히 박웅현 작가님의 『여덟 단어』라는 책을 접했다. 글의 힘은 크다고들 하는데, 그 글들이 모인 책 한 권의 힘이란 더욱 대단했다. 그 책을 읽고서야 이리저리 흩어지던 내 생각들과 미래의 방향이 제대로 된 길로 가기 시작했다. 지나칠 내용 없이 모든 페이지가 좋아서, 반납 후에 따로 구매해 나의 작은 책장에 꽂아 둔 훌륭한 책이다. 지금도 곧장 잘 달리던 도로에서 황급히 방향이 틀어질 때면, 종종 그 책을 펼쳐 보곤 한다.

  시간이 된다면 가까운 공원에 한 번 나가보시길 권합니다. 가서 어느 곳의 잔디가 푸르른지 한번 보세요. 자리를 깔고 앉으면 이상하게 다른 쪽의 잔디가 더 푸르러 보일 겁니다. 그럼 다시 자리를 옮긴 다음 원래 앉았던 쪽을 바라보세요, 어떨까요? 이번엔 그 자리가 더 푸르러 보일지도 몰라요. 잔디는 늘 우리가 앉지 못한 곳이 더 푸르러 보입니다. 하지만 결국은 똑같이 푸르릅니다.
  여러분, 답은 저쪽에 있지 않습니다. 답은 바로 지금, 여기 내 인생에 있습니다. 그러니 그 인생을 살아가고 있는 자신을 스스로 존중하는 여러분이 되었으면 좋겠습니다.
- 박웅현, 『여덟 단어』中

이 문장을 읽은 나는 한참을 멍하니 있었다. 난 대체 무얼 하고 있었던가, 긴 한숨과 함께 그간의 묵은 체증을 씻어냈다. 곧장 내가 서 있는 자리를 둘러보았고, 그제야 나의 잔디도 저쪽 잔디와 똑같이 푸르다는 것을 알아차렸다.

　당시의 전율과 성찰은 글의 힘을 완벽히 깨닫게 된 진귀한 순간으로 남아있다. 그리고 그날의 깨달음은, 후회와 자책의 무게가 오직 나만을 철저하게 짓밟는다는 사실을 느끼게 했고, 동시에 '왜 스스로를 저 아래로 떨어뜨리는지' 자문하기 시작했다. 자답은 행동으로 나타났다. 마치 베짱이의 굶주림이 두렵다는 듯 부지런한 개미가 되어 땀 흘리기 시작했다. 학교 대표 봉사단으로서 다양한 봉사를 경험했고, 재학생들의 의견을 수렴해 개선 방안을 도출하는 평가단 활동도 했다. 게다가 교내·외 공모전, 현장 인턴십, 어학연수, 동아리 등 대학생으로서 할 수 있는 것들은 무엇이든 했다. 3학년이 되어서야 차린 정신 탓에 놓쳐버린 2년을 아쉬워했지만, 그래도 괜찮았다. 늦었다고 생각할 때가 가장 빠를 때라는 흔해 빠진 말 때문이 아니고, 늦은 만큼 배로 단단해졌기 때문이다. 2년간 베짱이였던 내가 개미가 된 순간, 활동 하나하나의 동기는 명확해졌고, 나의 의지는 더 굳세졌다. 어리석게 흘려보낸 지난 시간을 만회하기 위함이었다.

　그중 가장 기억에 남는 것이 있다면 대학교 4학년, 졸업 직전에 다녀온 어학연수. 그를 위한 면접 날이다. 연수도 아니고 그를 위한 면접이라니, 남들이 보면 의아할 만한 부분이겠으나 나에게 그날은, 방황하던 시간을 깨끗이 정리하고 온 하나의 서랍장처럼 남은 날이다.

　여느 면접처럼 지원 동기와 자기소개 등 진부한 질문들이 이어지고 있었다. 땀 맺힌 긴장과 고민, 떨리는 답변과 경청이 오가는 공간 속 한 교수님이 물으셨다. "인생에서 가장 힘들었던 순간과 그것을 극복했던 방법이 무엇인가요?" 다대다 면접이었던 현장에서 각자의 경험을 떠올린 답변들이 순서대로 쏟아졌고, 세 번째로 내 차례가 왔다. 그 당시 나는 고작 20년 정도의 짧은 인생만을 건너왔기에 대단한 고난은 없었지만, 짧은 생만큼 적었던 경험은 '대입 실패'라는 타이틀을 무거운 돌덩이로 만들기에 충분했다. 그렇다, 난 인생에서 가장 힘들었던 순간을 대입 직후로 꼽았다. 대학교를 상대로 진행되는 면접에서 대입 실패에 관한 답변을 하자니 난처하긴 했으나, 그래서 더욱 진심으로 다가갈 수 있었다. 애교심 없던 과거와 함께 책으로부터 얻었던 힘, 그를 근간으로 그려 갔던 나의 다양한 경험과 긍정적인 사고의 마음가짐을 답변에 담았다.

"저는 이 대학에 온 후의 2년이 인생에서 가장 힘들었던 시기입니다. 더 바라던 대학들이 있었기에 입시 결과는 만족스럽지 않았고, 애교심도 당연히 없었습니다. 그러던 중 한 수필을 읽게 되었고, 그 후로 제 마음가짐은 완벽히 달라졌습니다. 자책하고 후회하며, 마주한 현실을 외면하는 태도를 뒤돌아보니, 결국 닳아 버린 건 세상의 그 무엇도 아니었고 저 자신이었습니다. 그래서 그 이후로 주어진 자리에서 최대한 많은 것을 경험해 보고자 했고, 수많은 교내·대외 활동들을 거쳐 오늘 면접까지 오게 되었습니다. 그렇게 여러 경험과 배움들이 힘든 순간을 극복할 수 있게 도와주었습니다."

복기해 보면 나름 정돈되어 보이지만, 당시에는 긴장으로 생긴 버벅거림 탓에 스물두 살—흔히 '족보 브레이커'라 불리는 빠른 연생이라, 4학년이지만 스물두 살이었다—다운 답변이었다. 그래도 진심을 담아 대답했다. 너무나 진심이었던지라, 자칫하면 지나치게 감정적인 답변으로 현장을 무겁게 만들어 버릴 뻔했지만, 꾹 참고 감정을 짓눌렀다. 그렇게 짓누른 감정마저 후에 좋은 경험이 되었다. 약 6개월 뒤 진행된 한 대학원의 압박 면접에서, 마음은 문드러졌으나 겉으로 태연할 수 있었기 때문이다. 물론 면접이 끝난 후에는 길 잃은 아이처럼 펑펑 울었다는 후문이 있지만.

 아무튼, 앞선 답변에서 언급한 모든 활동에 뚜렷한 목적이 있던 것은 아니다. 하지만 목적 있는 삶을 살기 위해선 온갖 목적 없는 경험을 해 보아야 한다. 그 생각을 품은 채 개미로 깨어난 아침들은 전보다 더 꽉 찬 대학 생활, 전보다 더 단단한 나를 만들어 주었다. 그래서 이젠 먼 잔디를 부러워하며 나의 잔디를 옅게 만드는 바보 같은 짓은 하지 않는다. 더 이상 나만의 목적과 목표를 갖고 살아가는 것이 어렵지 않다. 가령 어려움이 많을 것이라 예상되어도, 지난 경험이 내 의지를 강하게 만들고 모든 일에 자신감 있는 태도를 배양해 준다.

 그래서 경험이란 중요한 것이다. 그것이 나와 관련 있든 아니든, 쓸데 있든 없든, 법에서 벗어나지만 않는다면 세상에 쓸모없는 경험이라는 건 존재하지 않는다. 가벼운 마음으로 했던 나의 봉사 경험이, 학교 대표 봉사단을 뽑는 지원서에 적을 수 있는 한 줄이 되기도 했다. 모든 일에는 배움이 자리 잡고 있다고 믿는다. 어떤 일을 경험하고 단 하나의 배움도 얻지 못했다면, 그것은 당자의 사유 부족이 아닐까 싶다. 어떻게든 깊이 생각하고 느끼면 기대 이상의 무언가를 얻기 마련이다. 기대 이하의 것을 얻는대도 그마저 좋다. 다음 경험에서는 더욱 큰 것을 얻으리라는 괜한 다짐과 희망이 생기기도 하니 말이다.

 이리도 길게 늘어놓은 경험이 좀처럼 정하지 못했던 마음을 다잡을 수 있게 했다. 사범대에 진학하지 못하여 생긴 무수한 고민은 결국 나를 교육대학원이라는 목표 아래에 꼿꼿이 세워 두었고, 휴학을 고민하던 지난날이 무색할 정도로 쉼 없이 졸업했다. 심지어 한 학기 일찍 졸업한 탓에 해가 뜨겁게 내리쬐던 여름이었다. 계절의 경계가 희미해지는 나날 속에서 여름의 자기주장은 더욱 거세지고 있었고, 그 뜨거움 아래 몸을 둘러싼 학위복과 학사모가 버겁긴 했지만 지나고 보니 또 별 것 아니었다.

∘ ∘ ∘

어둠 속에 분주하던 작은 벌새는 가끔 지치기도 했지만,
그럴 때마다 아빠의 인생, 그 선상에서 심(心)의 쉼을 얻었다.
그 위에서 열심히 내달려 마침내 철새가 된
나는, 이리저리 더 멀리 비행한다.

6장
여전히 흘러갈 종이배

어느새 익숙해진 배경 화면 속 앱의 위치. 그것이 새로운 휴대전화의 구매로 이리저리 흩어졌을 때, 처음엔 메시지를 보내려다 음악 앱에 들어가 버리는 흔한 실수를 한다. 하지만 내 손가락은 금세 바뀐 위치에 적응하여, 음악으로의 우회가 없어도 곧장 메시지를 보낼 수 있게 된다. 하단부 센서에 발을 대면 물이 나오는 싱크대, 새로운 집으로 이사 가니 그것이 없다. 그럼 우린 존재하지도 않는 센서를 향해 마구 발길질을 하다가도, 어느새 수도꼭지를 열어 물을 틀곤 한다. 그리고 처

음으로 네발 달린 단짝이 무지개를 밟고 떠나갈 때, '다시는 너처럼 귀여운 생명체에 정을 주지 않으리, 그리하여 상처받지 않으리' 다짐한다. 그럼에도 또다시 새로운 귀여움을 너그러이 받아들인다. 아픔은 마음 속에 묻어둔 채로. 결국 모든 새로움과 낯섦은 시간이 지나 이리저리 흩어지고, 우린 적응의 더미 속에 던져진 채 마음껏 유영하기 시작한다. 마치 처음이라는 건 존재하지도 않았다는 듯이.

수많은 적응의 결과 중 가장 흥미로웠던 것은 버스 기사님의 물병이었다. 지난 3월, 여행으로만 와봤지, 살아본 건 처음이었던 서울. 이곳에서의 외출은 기껏해야 학교 위의 종암동, 조금 더 노력해 봤자 청량리가 마지노선이었다. 그런 내가 그날은 금호동까지나 갔다. 그 동네에 가야 할 용건이 분명히 있었다. 한 번의 환승을 거쳐 금호동에 갔던 이유는 초등학교 스포츠 강사 면접 때문이었다. 전형적인 면접 질문들이었지만 떨림은 여전했다. 언제나 무릎 위에 땀 맺힌 손을 놓는 짧은 시간을 지나 집으로 돌아올 때도, 내가 그리 싫어하는 환승을 해야만 했다. 그래도 목적지를 선택하면 몇 가지 경로가 나와 내게 선택권을 주다니, 생각해 보면 세상 살기 참 좋아진 듯하다.

이처럼 21세기에 초행길이 어렵지 않은 이유는 '스마트폰'이라 불리는 자그마한 고체 덩어리 덕이다. 발달한 기술 위에 적응을 포개 놓은 인간의 영리한 결과물, 그것은 금호동의 한 초등학교에서 내가 사는 동네로 가는 경로를 단 1초도 안 되는 순간에 알려 주었다. 이름값 하는 스마트폰의 똑똑한 길 안내에 따라 마을버스를 탔다. 환승을 위한 하차 정거장을 확인한 후 다음 버스의 번호를 보려던 순간, 그 덩어리의 수명이 다해 버렸다. 하지만 스마트폰에 완벽히 적응한 나라는 인간도 그것이 없으면 없는 대로 금방 적응하여 문제를 해결했다. 빽빽한 글씨가 가득한 노선도를 글보다 큰 검지로 하나씩 짚어 보며 겨우 버스를 탔다. 올라탄 버스 안, 내가 이 이야기에서 입이 닳도록 언급하고 있는 '적응'의 산물이 하나 더 있었다. 그것이 바로 기사님의 물병이다.

 내가 버스에서 가장 좋아하는 맨 앞, 그중에서도 오른쪽 자리에 앉아 평소와 같이 바깥 구경을 하던 중 신호에 걸린 버스는 차분히 멈췄다. 그때 기사님께서 물 한 모금을 잽싸게 드셨는데, 찰나에 목격한 것은 물병이라기엔 참 특이한 모양새를 띠고 있었다. 주로 횟집에 가면 볼 수 있는 입구가 얇은 소스 통이었다. 아무래도 잠깐의 신호에 급히 마시려면 큰 구멍은 위험할 테니—하며 고개를 끄덕였다. 별거 아니지만 신기하고 흥미로웠다. 과연 기사님의 풋풋했던 시절에도 그 물병은 함께였을까? 난 그렇지 않을 것이라고 확신했다. 누구나 처음은 처음다우니 말이다.

 세월의 물결 따라 흘러온 물병을 보자 하니, 내가 적응하고 있는 낯선 서울도 어느샌가 나의 서울이 되어있을 것만 같았다. 예상대로 난 점차 서울에 적응하며 2개월을 보냈고, 이 단락은 5월의 끝자락을 지나고 있다. 이제 내게, 시골쥐가 동경하던 서울은 더 이상 존재하지 않는다. 오직 시골 인간이 적응한 평범한 서울만이 존재한다. 고양이와 인간으로부터 시달린 동화 속 시골쥐의 끝없는 고통은, 결국 그를 안전하고 평화로운 시골로 돌아가게 했다. 하지만 나는 안전과 평화를 추구하는 잔잔한 존재를 꿈꾸지 않는다. 기어코 낯섦에 적응해 마음껏 성장하리라 다짐한 나는, 결국 처음부터 서울쥐였다는 듯 이리저리 누비며 살아가고 있다. 물론 말투는 여전히 의심의 여지 없는 시골쥐지만.

 현재는 한 초등학교의 놀이 체육 강사로 일하고 있다. (아쉽게도 금호동은 아니지만, 일자리 대신 적응의 산물과 그를 통한 배움을 얻었으니 그걸로 감사하다.)

그곳에서 만나는 아이들은 부러우리만치 큰 순수함을 가졌고, 그들에게 난 아주 커다란 너그러움을 선사한다. 처음엔 이리저리 튀는 아이들의 호기심을 해결해 주느라 수업만 끝나면 녹초가 되었지만, 이제는 나의 한마디에 열 마디는 더해 버리는 반응에 적응했는지, 수업이 끝나고도 나름 에너지가 남아 있다. 집으로 가는 버스에선 아이들이 뛰어노는 사진을 보며 다시금 힘을 얻기도 한다. 언제나 이렇게 티 없이 찾아오는 적응 덕에, 이제는 전처럼 처음이 두렵지 않다. 조금 더뎌도 해낼 수 있다는 자신감으로 모든 처음을 시작할 용기가 생겼다.

더욱이 매주 새로운 놀이 체육으로 아이들이 행복하게 뛰노는 모습을 볼 때면, 내 자유로운 어린 시절이 선명히 나타나 체육 교사의 꿈을 더 깊이 더 넓게 다듬어준다. 혐오가 만연한 현대 사회에서, 서로를 응원하고 격려하는 가장 자유로운 형태의 사랑을 지닌 것이 체육의 매력이다. 다툼이라는 게 쓸모 있는 몇 안 되는 배경. 승부욕이 그려내는 약간의 감정 다툼은 그마저도 가치 있다―물론 교사라는 중재자가 제 역할을 잘해야 한다는 건 분명한 사실이다.

요즘 아이들은 좀처럼 통제가 힘들다고들 하지만, 내가 만난 아이들은 기꺼이 수용적이었다. 특히 지루한 이론을 설명하기 위해 교실을 고요하게 만들어야 할 때면 서로 '누가 누가 말하나' 지켜보라고 하는데, 그럼 아이들은 언제 떠들었냐는 듯 입을 굳게 잠근다. 그리고선 재미난 놀이라도 하듯 서로를 감시한다. 그런 순수함이 참 부러워 질투가 날 지경이다. 어딘가엔 아직 어려서 어리석은 아이들도 있겠지만, 그럼에도 난 그들의 때 묻지 않은 순수함과 내면을 믿는다.

그 순수함들은 처음엔 서로가 낯설어 경계하듯 바라봤지만, 매주 만나 뛰어놀고 함께 다양한 이야기를 나누다 보니 이젠 저마다의 마음을 활짝 열고 웃어 보인다. 처음 아이들을 만났을 땐 나름 쌀쌀한 기온 탓에 한참을 뛰어놀아야 그 귀여운 이마에 땀이 맺히곤 했는데, 어느덧 무더운 여름이 돼 수업 전부터 머리를 잔뜩 적셔서 오곤 한다. 걸어서 오래도 뭐가 그리 신나는지, 열심히 "선생님~"하고 부르며 뛰어오는데, 그 모습이 얼마나 사랑스러운지 모른다.

내년 2월, 모든 수업이 끝나고 아이들과의 마침표를 찍으면 내 마음이 얼마나 섭섭할지, 걱정이 눈 앞을 가린다. 그 얼마나 거대한지, 눈 감고도 갈 수 있다며 떵떵거리던 길을 눈 뜨고도 가지 못할 수준으로 앞이 깜깜해진다. 하지만 그건 나중의 일이다. 지금의 나는 최선을 다해 가르치는 역할만 잘 맡으면 된다. 당연한 섭섭함 속에서 후회가 공존하지 않도록, 다듬어지지 않은 사랑 그 자체를 전해주고자 한다.

지금의 경험이 아주 재밌었던 옛 에피소드로 남을 때쯤 나는 중등 교사가 되어, 약간은 옅어진 농도의 순수함과 그럼에도 여전할 아이들의 예쁨을 상대하고 있을 것이다. 그래야만 한다. 항상 예쁘지만은 않을 그들의 세계도 기꺼이 감내해야겠지만, 그 또한 지금껏 그랬듯 금방 적응하고 견뎌낼 자신이 생겼다. 적어도 아직은 걱정보다 기대를 품은 채 자유로이 꿈꿀 것이다. 그런다 해도, 충분히 괜찮은 어린 청춘이다.

이로써 종이배는 저 먼바다까지
잔뜩 젖어 흐려진 형태로도 충분히
아빠의 결에서 평온히 흐른다

당신의 공터에서
선명한 애정 안에서
그리고 나의 잔디 위에서
여전히 흘러갈 나의 종이배

언젠가는, 그 위에 몸을 맡길
船上, 선상의 작은 새.

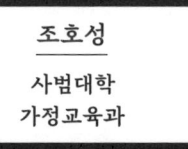

조호성
사범대학
가정교육과

마침표보다
쉼표가 어렵다

° ° °
나는 우물 안이 내가 겪은 세상의 전부이기를 바라는
스무 살
여느 이십 대와 같이
세상을 이해하려 고군분투하는 한 대학생이다.

매 순간이 올챙이 적이라
이 순간이 무척이나 쑥스러울지도 모르겠다
그럼에도 그렇기에 용감히 손가락을 들어
다시는 돌아오지 않을 무지(無智)의 흐름을 남겨본다.

나의 이 치열한 20대에게
지나고 보니 좋았다 말할 수 있기를 바라며
낮의 온화한 햇살과 밤의 선선한 침묵 속에 잠시 쉬어가듯
그 소중함을 기록해 보려 한다.

1장
개구리

나에게 최선은 무엇일까? 어떤 선택을 해야 후회하지 않을까?

불안함의 마침표가 필요한 내게, 매 순간 변하는 세상은 참 두려운 존재다.

익숙해진 의무교육의 틀을 벗어나 수많은 처음을 맞이하는 대학생이 된 지금, 나는 매 순간 '다음'을 대비하느라 그 두려움을 온몸으로 느끼는 중이다.

급작스럽게 많은 선택권이 주어진 뒤로부터 이전과는 다른, 가끔은 나를 무력하게 만드는 고통스러운 사색이 잦아졌다. 이 고민은 보통 아주 작은 자극에, 혹은 그냥 불쑥 창조되는 편이었고, 특히 주어진 환경 속에서 비슷한 가치의 선택지들 중 하나만 골라야 할 때 가장 극심해졌다. 경험 없는 20대의 답 없는 사색은 어떠한 임계점을 넘는 순간 꼬리에 꼬리를 무는 의문으로 변질되며 급격히 생산성을 잃고 다시는 본래의 목적을 되찾지 못했다.

그러다 어느 순간부터, 한때 나의 꿈이었던 '선한 영향력'을 주는 교사가 되는 것이, 나에게 가장 괴롭게 반복되는 의문이 되어가고 있다는 걸 깨달았다.

이 변질된 의문의 악순환을 끊어내고 싶었다. 지저분한 고민과 답 없는 의문으로 더 이상의 지금을 낭비하고 싶지 않았다.

그래서 잠시 멈추어 뒤돌아보려 한다. 나는 왜, 꿈을 꾸었는가?

◦ 올챙이 적

선생님이 되고 싶다는 생각은 중학생 때 처음 했던 것 같다. 애매하게 흩뿌려진 지식을 갖고, 머리 좀 컸다고 천방지축으로 잘난 체하던 때. 무서울 게 없던 그 시절, 무슨 잘못이었는지는 몰라도 어쩌다 담임선생님께 불려 가 의도치 않은 상담을 당한 적이 있었다. 그때는 어른 무서운 줄 모르고 내가 옳다, 말대답이나 했었는데, 상담 끝에 결국 선생님께 논리로 얻어맞고 '겸손'과 '예의'라는 것을 가슴 깊이 심은 기억이 있다. 독특하게도 이때의 기억이 내게는 선생님의 꿈을 꾸게 된 첫 계기로 남아 있다. 혼나는 순간은 부끄러웠지만, 들으면 들을수록 선생님의 말씀에 틀린 게 하나도 없었다. 혼나는 와중에도 '차라리 어릴 때 혼나서 다행이다'라고 생각했던 기억이 난다. 아마도 커서는 내게 논리로 지적해 줄 사람이 많이 없을 거라는 사실만큼은 잘 알고 있었나 보다. 그래서 부끄러움보다는 내게 부끄러움을 알게 해 주신 선생님께 감사함이 컸다. 선생님의 '선'이 '먼저 선(先)' 그리고 '생'이 '날 생(生)'이라는 것도 이 무렵에 배우게 되었는데, 단어의 뜻을 알고 나니 먼저 태어난 지혜로 학생들을 가르치고, 더 나은 길로 인도한다는 점이 정말 매력적으로 느껴졌다. 그래서 선생님이 되고 싶었다. 나부터가 이미 선생님 덕에 더 나은 길로 갈 수 있었다고 굳게 믿고 있었으니까 말이다.

사람이 변할 수 있는 가장 적절한 시기이자, 누군가에게는 마지막 시기가 될 수 있는 것이 학생 때라는 것을 깨닫고 나서는, 더더욱 선생님이라는 꿈이 내게 큰 가치가 되었다. 작은 조언에도 발전할 수 있는, 충분히 변할 수 있는 수많은 학생에게 도움이 되고 싶은 마음. 그 마음이 내가 선생님이 되고 싶은 큰 이유였다. 그때는 '나중에 멋진 선생님이 되어, 내가 수업을 듣는 이 교실의 교탁에 한번 서 보리라'는 설레는 기대가 있었다. 사범대, 교대를 구분하지도 못할 때였지만 선생님이라는 믿음직한 존재가 되는 것이 퍽 멋져 보였다.

고등학교에 입학한 첫해에는 나의 꿈이 더욱 생기를 띠었다. 이때의 나는 학교를 참 좋아했던 것 같다. 다들 학교를 떠나고 나서야 학생 때가 좋았다고 말한다지만, 나는 이미 학교에 다니는 동안에 학교에 다니는 이 순간이 내 삶에 있어 몇 없을 가장 속 편할 때라는 것을 알고 있었다. 친구들과의 단순한 하굣길이 좋았고, 점심 쉬는 시간마다 함께 탁구를 칠 수 있는 친구들이 있음에 좋았다. 덕분에 이때의 기억은 생각할수록 소중해지는 빛나는 추억이 되었다. 코로나로 등교하지 못하는 날이 더 많았지만, 오히려 학교라는 공간의 소중함은 더 커져만 갔다. 작은 사회, 그 자체로는 잘 변화하지 않는 다소 안정된 생태계, 나는 주어진 틀 안에서 공부라는 일종의 '사명'만 잘 완수하면 됐다. 그랬기에 본격적으로 진로 탐구를 시작하는 고등학교 1학년, 나의 생활기록부 진로 희망 란에 '고등학교 교사'가 들어간 것은 꽤 자연스러운 일이었다.

하지만, 고등학교 2학년에 들어서며 나의 꿈이 무너지기 시작했다. 일단 성적이 떨어진 영향이 컸다. 마음이 너무 불안해졌다. 선택과목 제도로 인해 공동체성은 옅어지고, 더 치열한 성적 경쟁 속에서 일시에 더 많은 친구가 경쟁자로 느껴졌다. 입시가 점점 가까워지고, 대학 진학을 진지하게 고려할수록 여러 가지 현실의 문제가 나의 꿈을 변질시키기 시작했다. 돈, 현실성, 지속 가능성 등 다양한 요인들을 따지고 들수록 '꿈'이라는 단어는 점점 입에 올리지 않게 되었다. 내가 좋아하는 것이 뭔지, 하고 싶은 건 뭔지, 심지어 할 수 있는 게 뭔지조차 알 수 없어졌다. 이때부터 나에게 선생님, 아니, 교사라는 직업은 단지 안정적이고, 누군가에게 좋은 영향력도 미칠 수 있으며, 방학도 있다는 점에서 내 삶을 살아가는데 적절한 '수단' 중 하나가 되었을 뿐, 더 이상 꿈으로서의 그것은 존재하지 않았다.

그렇게 치열하게 고등학교 시절을 보내고, 내가 정말 뭘 하고 싶은지는 모르는 채 여섯 장의 수시 카드 중 다섯 장은 공대로, 한 장은 사범대로 대학에 지원했다. 괜찮은 수능 점수, 무난한 면접을 거친 나는, 그렇게 소심히 한 장 지원했던 사범대에 합격했다. 좋은 학교였고, 마다할 이유가 없었다. 나는 그렇게 사범대학에 입학했다.

○ 끓는 물의 개구리

대학이라는 큰 관문을 넘어섰기에, 잠시 동안은 내 삶에 기대와 활기가 피어났다. 대학 생활의 낭만을 꿈꾸며, 다시 넘치는 열정으로 대학 생활을 시작했다. 정말 많은 것이 새로웠다. 다양한 사람들의 다양한 생각을 만났고, 잠시나마 스스로에게서도 그동안 보지 못했던 도전의식과 부푼 기대를 찾을 수 있었다. 사범대에 입학했다고 그냥 이대로 교사가 되리라 마음 놓기에는 내 젊음이 아깝지 않을까? 나에게도 그동안 꿔 보지 못한 다른 꿈이 있지 않을까…? 막연한 기대감이 생겼다.

하지만 현실은 생각보다 녹록지 않았다. 대학에 와서 처음으로, 내가 못 하는 것이 정말 많다는 것을 알았다. 단순히 능력의 문제로 못 하는 것을 넘어, 내 의지가 받쳐주지 않아 시도조차 피하게 되는 많은 경우를 마주했다. 다양한 선택지 속, 불안함에 남들 따라 어떻게든 시작해 놓고 끝까지 붙들지 못해 쩔쩔매는 일이 잦아졌다. '나는 왜 이렇게 욕심만 많을까?' 더 많은 도전은 내게 더 잦은 무력함을 느끼게 만들었다. 대학에서의 공부도 이런 무력감의 주된 양분이었다. 내가 어떤 일을 할 수 있을지 몰라 들었던 다양한 학과의 다양한 전공 수업뿐 아니라, 나의 '지적 욕심'을 채우고자 호기롭게 들었던 여러 교양 수업조차 생각보다 너무 재미없었다. 아쉬움이 남을까 학점까지 초과하여 꽉 찬 한 학기를 보내보기도 했지만, 대체 내가 대학 수업에서 흥미를 느낄 수는 있을지 덜컥 겁이 날 정도로 흥미가 생기지 않았다. 어떻게 공부해도 나의 최선에 닿을 수 없었다. 내가 바라는 만큼 공부할 의지가 전혀 생기지 않았다. 고등학생 때까지는 어떻게든 기출문제들만 잘 풀면 성과가 나타났는데, 대학에서는 모든 걸 스스로 해야 했다. 문제집이 얼마나 감사한 도구였는지 대학에 와서야 깨달았다.

넘치던 열정은 저절로 식어갔다. 불안한 마음이 커질수록 더 많은 과목을 들어보고, 더 많은 교내 활동에 참여해 보고, 더 많은 어른들을 만나 상담을 받아 보았다. 하지만 내 나름의 노력이 반복될수록 적성을 찾으려던 첫 의도와는 다르게, 세상에 나의 적성에 맞지 않는 일들이 너무 많다는 것만 더 잘 알게 됐다. 해야 할 것 같은 일들은 계속 늘어나는데, 하고 싶은 일들은 놀랍도록 줄어들고 있었다. 한 시간 삼십 분이 넘는 시간의 통학과 0교시 수업을 포함한 23학점, 네 명의 과외생, 두 개의 학원 알바, 언어 교환 활동과 장학 프로그램, 과 학생회 활동, 그리고 두 개의 밴드 활동까지. 대학에서의 첫 해, 내 삶은 강박적인 충실함으로 가득 차 있었다.

그렇게 한 치의 휴식도 없이 내게 주어진 모든 시간을 꽉 채워 살아가던 중, 학교와 일하는 학원이 방학을 맞게 됐다. 치열했던 삶에 일주일 정도의 공백이 생겼고, 이 공백 덕에 내게 잠깐의 쉼이 찾아왔다. 그제야 외면하고 있던 사실이 보였다. 내가 높게 세운 굳은 기준 아래에서, 정작 내가 진심으로 잘할 수 있는 일이 무엇인지 고민조차 하지 못했다는 것을. 나는 나 자신의 가해자이자, 피해자였다. 그 누구를 탓할 수도 없었다. 그렇기에 잠시 비워갈 필요가 있었다. 삶이 너무 꽉 차 있었다. 그래서 겨울방학을 이용해 학교 상담센터에서 상담을 받았다. 무한한 고민을 잠시 멈추고 강박에서 벗어나기 위함이었다. 계속 채우기만 한 내 삶을 한번 쏟아내고 싶었다. 이 과정이 쉽지는 않았다. 마치 과식 후 울렁거리는 속을 게워 내는 것처럼, 상담 초기에는 몇 번이고 더 큰 두려움에 빠질 뻔한 적도 있었다. 그럼에도 꾸준히 나의 얘기를 꺼내려 노력한 덕분일까, 상담은 결과적으로 내게 큰 도움이 되었다. 상담은 내 삶을 스스로 돌아볼 수 있게 도와주었고, 덕분에 그동안 잊고 있었던 내가 진정 효용을 느끼는, 나아가 즐길 수 있는 일을 생각해 볼 수 있었다.

의외로 공부도, 당시에 열정을 다하던 밴드 활동도, 학생회 활동도, 언어 교환 활동도 아닌 다소 목적 중심이라 생각했던 조교 알바 업무가 가장 먼저 떠올랐다. 나는 학원에서 오랫동안 조교 일을 했다. 돈도 돈이지만 사실 그 과정 자체가 즐겁고 뿌듯해서 더 진심으로 책임감을 가지고 일했다. 경험을 되짚으며 생각해 볼수록, 적성에 맞는 일인 것 같았다. 아이들이 나를 좋아해 주었다. 나도 아이들을 좋아했고, 그들에게 작은 길잡이가 되어주는 것에 기쁨을 느꼈다. 그들이 나의 말에 작은 힘이라도 얻어 가는 것이 좋았으며, 어려움이 있을 때 주저 없이 찾아와서 쫑알거리는 것이 내게 큰 행복이었다. 이것이 내가 원하던 '일의 즐거움'이었다.

온라인으로 진행하던 과외도 생각났다. 일주일에 다섯 명의 과외생을 수업하던 때도 있었다. 힘들었지만 그럼에도 즐거웠기에 가능한 일이었다. 학생들에게 수업 내용을 완벽하게 전달하고 나면, 어쩐지 후련한 기분까지 들었다. 내가 열심히 공부한 지식을 마음껏 뽐낼 수 있다는 게 참 매력적이었다. 더불어 아이들이 수업 외적으로 매주 들려주는 소소한 이야기들도 재미있었다. 아무래도 나는 학생들과 소통하는 게 정말 즐거웠다. '선생님이 된다면 이런 즐거움이 더 잦아지려나?'라는 생각과 함께 내 마음속에 다시금 선생님이 된 나의 모습이 그려지기 시작했다.

그런데 막상 여기까지 생각이 미치자, 너무나 현실적이어서 고민의 과정을 불쾌하게 만드는 또 다른 변질된 고민이 찾아왔다. '그럼에도, 선생님의 길을 걷는 것이 정말 나의 최선일까? 아직 저학년인데, 벌써부터 진로 고민을 마무리하는 게 나의 내면에 있을지 모르는 그놈의 잠재력을 스스로 포기하는 것은 아닐까?' 나의 경험이 너무 적음에, 아는 것이 너무 없음에 괴로웠다. 모순되게도, 사범대 학생이었기에 오히려 충실히 교직의 길만 걷게 되는 것이 무척 불안했다. 다른 사람들은 어떻게 생각할지 궁금해 같은 학과 동기들, 그리고 선배들과 대화해 보았다. 적지 않은 친구들이 정교사 2급 자격증을 일종의 보험으로 여겼다. 다른 모든 도전의 끝에 시도해 볼 수 있는 최후의 보루와 같이. 고민이 깊어졌다. 또다시 고민이 변질됐다.

솔직하게 말하면 가장 큰 문제는 급여였다. 고등학생 때부터 공대 진학을 목표로 하는 수많은 이과생 친구들 사이에서 살아가던 나였기에 자연스레 그들과 같은 기준으로 기대소득을 설정했는데, 날 것 그대로 내 심정을 얘기하자면 교사가 된 내 삶의 기대소득은 너무 투명하고, 너무 적게 느껴졌다. 교사 호봉표를 외우다시피 쳐다보며, 벌써부터 계산기를 두드리기 시작했다. 각종 수당들도 꼼꼼히 확인해 보았다. 누군지도 모르는 선생님들의 월급 실수령 표를 수없이 보았으며, 임용 준비 카페부터 시작해 신빙성이 다소 떨어지지만 직장인 온라인 커뮤니티까지 들어가 중등교사 실수령액을 찾아보았다. 이미 선생님이라는 꿈에 돈 계산이 들어간 것부터 기운이 빠졌지만 그보다도 이전에 내가 그렸던 미래를 준비하기에는 꽤나 부족한 월급이 벌써부터 나를 무력하게 만들었다.

  교사는 돈을 보고 하는 일이 아니라고 많은 사람들이 얘기한다. 맞는 말이면서도 어쩐지 책임감 없는 말처럼 들렸다. 교사에게 돈이 목적이 되어선 안 되지만, 어딘가에서 부족함이 발생하면 그 부족함은 전염병처럼 다른 요인들에 전염되기 마련이다. 나는 확실한 성취감을 주고, 일에 최선을 다할 수 있게 해주는 가장 대표적인 보상 체계가 돈이라고 생각했기 때문에, 이 보상 체계에 부족함이 있다고 생각한 순간부터 더 깊은 고민에 빠질 수밖에 없었다. 9호봉 교사의 세후 초봉이 내가 방학에 알바와 과외로 벌었던 돈보다 적다는 사실이 계속 마음에 걸려 왔다. 분명 돈을 최우선으로 보지 않는다고 생각하고 살아왔는데, 드디어 내가 어떤 일을 즐겁게 할 수 있을지 어렴풋이나마 알게 되었는데, 내 삶의 최우선인 꿈에 있어 돈부터 보이다니. 내가 미웠고, 괜스레 사회가 미웠다.

청개구리 심보

  그렇게 두 번째 고민이 극단에 이르렀던 어느 날, 문득 내가 마치 떠나간 옛 연인을 잊지 못하는 미련한 사내처럼 굴고 있다는 사실을 깨달았다. 변질된 고민이 답 없는 무의미한 굴레에 빠졌다는 것을 깨달은 것이다. 발단은 고등학교 시절 내게 큰 힘이 되어주셨던 물리 선생님을 뵌 일이었다. 졸업 직후 선생님께서 학교를 옮기시는 바람에 2년 만에 성사된 만남이었다. 기쁜 마음으로 만남을 가졌고 많은 이야기를 나누었다. 선생님은 20년을 훌쩍 넘기는 시간 동안 교직에 몸담으셨음에도 나와 비슷한, 그러나 더 깊은 고민을 하고 계셨다. 다른 선생님들이 얘기해주시지 않은 교직 사회의 현실, 고충, 그리고 다양한 무력감 등 교사로서 사명감을 가지고 살아가던 당신만이 알 수 있는 현실적인 얘기를 들려주셨다. 그리고 내게도 교사라는 '직업'을 추천하지 않으셨다. 아직 어리기에, 더 많은 길을 개척하라고 조언해 주셨다.

 맞는 말이었다. 나의 고민들이 합리적인 고민이었다는 방증처럼 들렸다. 그러나 신기하게도 선생님께 이런 현실적인 말을 듣자 오히려 내가 교사가 되고 싶었던 이유가 떠올랐다. 여전히 아는 것이 없어 두려운 지금보다도 더더욱 아는 것이 없던 고등학교 시절, 내게는 선생님들이 사회를 향한 창구이자, 나를 믿고 지지해 주는 어른이자, 잘못된 것을 잘못됐다고 알려주시는 先生님들이었다. 그들이 항상 옳지는 않았으나 대체로 그랬으며, 그들이 항상 내게 힘이 되어주지는 않았으나 대체로 그러하였다. 덕분에 나는 더 나은 것이 무엇인지 고민할 수 있었으며, 작은 사회 속에서 질서를 배우고 또 사랑을 배웠다. 이렇게 학교 안에서 나와 비슷한 학생들과 오랜 시간 함께하며 작게나마 좋은 영향을 줄 수 있는 것이 내가 교사가 되고 싶은 이유였다. 나는 이미 선생님들의 고충과 어려움을 고등학교 때부터 직접 보고 들어 왔다. 그럼에도 그때, 교사의 어려움도, 그만큼 선생님의 보람도 가까이에서 눈여겨보던 그때, 나는 선생님이 되기를 꿈꿨다. 그때의 나에게는 선생님의 길을 걷는 것이 '최선의 선택'이었던 것이다.

마침내 반복되던 의문의 벽을 깨고, 다시 생산적인 활동에 돌입했다. 먼저, 기존의 모든 기준을 잠시 내려놓고 상황을 바라보는 것부터 시작했다. 내가 지금 무엇을 하고 싶은지, 나는 어떤 일을 잘하며, 무엇에 최선을 다할 수 있는지 '지금'에 초점을 맞춰 다시 바라보았다. 과연 선생님의 길을 걷는 것이 '여전히' 최선의 선택일까? 타인에게서 얻은 경직된 기준을 두고 그 안에서만 생각하다 보니 너무 좁은 시야로 삶을 바라보고 있었다. 그래서 잠시 시선을 멀리해 처음부터 접근해 보기로 했다.

그래도 그동안 치열하게 고민하고 도전했던 덕분에 적어도 내가 무엇을 비교적 잘하고, 좋아하는지는 알 수 있어서 다행이었다. 내가 가장 잘하는 것은 '대화하기'였고, 특히 '공감적 말하기'에 강했다. '진로진학 및 상담'이라는 교육학과 전공수업에서 이 강점을 확인받을 수 있었다. 상담에 대한 배움이 즐거웠던 것은 둘째 치더라도, 매주 진행되었던 모의 상담마다 이변 없이 매우 긍정적인 피드백을 받았다. 비슷한 시기, 학원에서 아이들이 나를 좋아해 주었던 이유도 보다 명확하게 알게 되었다. 한 학생이 나와의 대화에서는 애정을 느낄 수 있어 좋다고 말해준 덕이었다. 대화의 결과뿐 아니라 과정도 내게는 매 순간 긍정적이었다. 대화는 내가 가장 잘하는 것인 동시에 가장 좋아하는 것이었다. 아무래도 나는 의사소통 능력이 중요한 일을 하는 것이 좋을 것 같았다.

반대로 내가 죽어도 못 할 일을 생각해 보겠다. 사람은 일반적으로 손익보다 손실에 더 큰 의미를 둔다. 그렇다면 내가 잃어서는 안 될 것이 무엇인가? 가장 먼저 떠오른 것은 '효능감'이다. 나는 하는 일에서 스스로 가치를 느껴야만 최선을 다할 수 있다. 그렇기에 아무리 돈을 많이 벌 수 있다고 해도, 효능감을 느끼지 못하는 일은 할 수 없을 것 같다는 판단이 섰다. 다음은 '휴식'이다. 원하는 시기에, 원하는 만큼 효과적으로 일하기 위해선, 적절한 시기에 반드시 휴식기가 있어야 한다. 불안한 마음에 대학 생활의 매 순간을 수능 앞둔 고3처럼 바쁘게 살다 보니, 자연스럽게 나만의 한계를 알게 됐다. '안정감'도 결코 잃을 수 없다. 나는 익숙함을 잃는 것에 커다란 불편함을 느낀다. 그렇기에 너무 빠르게 변하는 상황 속에서 일하는 것은 어려울 것 같았다. 또, 나는 격렬한 경쟁의 분위기에서 유독 큰 스트레스를 받는다. 단순히 경쟁 자체가 싫은 것이 아니라, 경쟁 때문에 예민해지는 인간관계를 견디는 것이 어렵다. 그렇기에 절대적이지는 못하더라도, 최대한 경쟁의 여지가 적고, 독립적이고, 나의 노력으로 효능감을 느낄 수 있는 일이 필요했다.

　여기까지 정리해 보니, 역시 당장 떠오르는 직업은 '교사'였다. 가르침이라는 가치 있는 일에서 오는 효능감, 방학이라는 규칙적인 휴식과 비교적 안정적인 근무 요건에서 오는 안정감, 아이들과의 소통에서 오는 즐거움. 지금까지의 경험과 기억을 바탕으로 다시 돌아보니, 단지 직업의 벌이만 들여다보며 느꼈던 막연한 회의감 너머에, '일'이라는 것이 가진 다양한 면모가 보이기 시작했다. 세상에 어느 직업이 교사처럼 수많은 젊음을 가까이에서 마주하며 살아갈 수 있을까? 또 어느 직업이 교사만큼 아이들에게 깊은 영향을 줄 수 있을까?

　오늘날에는 대부분의 학생들에게 유명 인터넷 강의 강사의 한 마디가 담임 선생님의 백 마디보다 더 큰 영향력을 지닌다는 사실을 나도 잘 알고 있다. 그럼에도 불구하고, 학생들과 가까이에서 함께하며 세심하게 지지해 줄 수 있는 사람은 여전히 교사다. 정서적인 위로든, 어른으로서의 조언이든, 자라나는 아이들을 직접 돕는 일은 시간이 흘러도 내게 가장 소중하고 결코 잃고 싶지 않은 가치이다. 올챙이 적, 내가 직접 겪었던 것처럼.

물론 나에게 '돈'은 여전히 중요한 요소다. 비교하지 않고, 스스로에게 부끄럽지 않은 삶을 살겠다고 다짐해도, 미래에 대한 걱정은 끊임없이 밀려온다. 지금은 괜찮다고 해도, 훗날의 내가 비교하지 않으리라는 보장도 없다. 그래도, 그것이 전부는 아니니까. 일을 돈으로 치환해서는 결코 얻을 수 없는, 돈으로도 살 수 없는 수많은 가치가 있으니까. 결국 나조차도 "교사는 돈을 보고 선택하는 직업이 아니다"라는 말을 다시 곱씹게 된다.

생각해 보면 나는 돈이 부족한 것 그 자체를 걱정하는 것이 아니라, 돈이 없어 마음도 궁핍해지는 것을 두려워하고 있었다. 그런데 나는 단 한 번도 현재의 충족함을 바라보지 않고, 아직 일어나지도 않은 일에 마음만 궁핍한 아이러니 속에서 허우적대고 있었다. 열심히 알바를 전전한 덕에, 학생 수준에서 충분한 돈은 이미 가지고 있는데 마음이 너무나 궁핍한 그런 상태. 돈을 벌수록 돈을 쓰기 어려웠다. 내가 쏟은 시간의 가치가 돈의 가치보다 높았던 것일까, 그 돈을 결코 편하게 쓸 수 없었다. 돈과 내 삶 사이의 환율이 미친 듯이 치솟아 있었다.

최선을 다해 살아가고 있다고 생각했는데, 지금이 최선의 상황이냐고 물어보면 언제라도 그렇게 답할 자신이 없었다. 당장에 안주하지 않고, 내일을 위해 오늘 하루를 양보하며 살아왔다. 준비의 과정이 괴로운 건 당연하다고 생각하며 버텨왔지만, 매 순간이 다음을 위한 준비의 과정이라면? 아무래도, 오래 버티기는 힘들 것 같았다. 삶은 끝없는 오늘의 반복이기에. 이런저런 생각의 끝에, 나는 오늘을 살기로 마음먹었고, 결국 내게는 선생님의 길을 걷는 것이 여전히, 그리고 '새로운' 최선의 선택임을 분명히 알게 되었다.

3장
어떤 선생님이 되고 싶은가?

다시 선생님의 길을 꿈꾸게 된 뒤, 새로운 마음으로 '어떤 선생님이 될 것인가'를 고민해 보기 시작했다. 그리고 그 출발점은 '어떤 과목 선생님이 될 것인가?'였다. 교내 이중 전공 제도를 활용하면 다른 전공으로 임용 시험을 볼 기회가 있었기에, 남은 시간 본 전공인 가정교육 외에도 다른 전공을 경험하며 스스로에게 더 잘 맞는 길을 찾아보는 것이 좋을 것 같았다.

제일 먼저 떠오른 후보는 수학이었다. 나름 수학을 좋아하는 편이었기 때문에, 수학 교사가 된다면 수업의 과정이 즐겁지 않을까 생각했다. 그러나 단순한 마음으로 수학교육과의 전공 강의를 찾아보던 중, 우연히 본 강의평 하나가 마음을 흔들었다. 내용은 대략 '적성에 안 맞아 때려치우고 싶다' 정도였는데, 그 수강평을 읽는 순간 1학년 때 수강했던 통계학 수업이 떠올랐다. 당시 나는 수능 수학과는 꽤나 다른 방식의 대학 수학에 크게 당황했고(솔직히 어려웠다) 한 학기 내내 적잖은 고통 속에서 공부해야 했다. 돌이켜 보니, 나는 정해진 범위에서 잘 정리된 문제를 풀어나가는 과정을 즐겼을 뿐, 원리의 해석이나 철학적 깊이에 매력을 느낄 정도의 이해력은 갖추지 못하고 있었다. 더구나 다른 과목에 비해 상대적으로 쉬운 편이었던 통계학조차 힘겨웠으니, 결국 수학에 대한 마음은 깔끔히 접을 수밖에 없었다.

다음으로 생각난 과목은 국어였다. 과목 자체에 대한 애정을 따지자면, 사실 수학보다 국어가 내게 더 잘 맞았다. 고등학교 선택과목부터 미적, 기하, 물리, 화학, 생명을 골라 대학에 이르기까지 완전한 이과생의 길을 걸었지만, 나는 항상 그런 과목들보다 국어를 공부할 때 즐거웠다. 과목 선택 시기에 나를 아껴주시던 역사 선생님의 진심 어린 조언—"지금은 이과 선택이 대입에 더 유리해. 이과였다가 문과로 가는 건 돼, 근데 문과였다가 이과로 가는 건…(손사래)"—이 없었더라면, 아마 애초부터 국어교육과 진학을 노려보지 않았을까 싶다. 특히 문학은 내게 단순한 공부의 대상이 아니라, 삶에 깨달음을 주는 과목이었다. 입시의 고달픔 속에서도 문학을 통해 나보다 앞서 고민했던 선인들의 지혜를 얻어갈 수 있었으며, 세상이 요지경 말썽이라 괜히 답답할 때는 '작자 미상' 서민들의 시조를 읽으며 '그때나 지금이나, 세상도 사람도 참 쉽게 안 변하는구나.'를 씁쓸하게 깨닫기도 했다. 글로 남은 기록들, 압축된 사색의 결과물들을 하나하나 곱씹으며 떠올려보는 과정이 내게는 참 값진 공부였다.

국어교육에 대한 관심에는 또 다른 계기도 있었다. 수험생 시절 자주 들었던 EBSi의 한 국어 선생님의 영향이었다. 그분의 수업은 단지 내용 전달에 그치지 않았다. 선생님은 수업을 시작할 때마다 동기부여 문구와 각자의 사연을 가지고 도전하며 살아가는 수많은 수강생의 사연을 읽어 주셨는데, 선생님이 소개해 주신 사연 속에는 나보다 어린 학생부터 내 나이의 두 배가 넘는 수강생까지, 내가 상상하던 것보다 훨씬 다양한 형태의 삶이 담겨 있었다. 그들의 이야기를 전해 듣는 과정에서, 나는 세상을 더 넓게 볼 수 있게 되었고, 주어진 내 삶에 감사하며 겸허히 살아가는 법을 조금이나마 배울 수 있었다. 이러한 여러 긍정적 경험 덕분에, '어떤 과목의 선생님이 될 것인가'라는 고민은 어느새 '국어교육과를 이중 전공해 국어 선생님이 되고, 나아가 국어 과목 EBS 강사가 되고 싶다'라는 제법 구체적인 목표로 변해 있었다.

그래서 국어교육과의 전공을 듣기 시작했다. 처음에는 완전히 적성을 찾았다고 생각했다. 일단 수업 내용이 정말 재미있었고, 다른 학생들이 수업에 참여하는 모습을 보며 배울 점도 많았다. 내가 경험한 다른 일반적인 수업들에 비해, 수업에 진심으로 몰입하며 자신만의 가치관을 가지고 다듬어가는 학생들이 훨씬 많았기 때문이다. 그러나 국어학에 대해 조금씩 더 본질적으로 접근할수록 나는 국어학, 혹은 국어교육학 그 자체보다는 문학 작품을 읽고 감상을 나누는 활동에 더 흥미가 있다는 것을 깨달았다. 특히 문학과 화법에는 관심이 많았지만, 언어, 독서에는 상대적으로 흥미를 느끼지 못했고, 공부의 방향을 잡기 어려웠다. 게다가 국어교육학을 배우며 좋아하던 문학을 교육하고 평가하는 것에 대한 고민도 생겨났다. 나는 문학의 모호성을 좋아했는데, 내가 좋아하던 문학의 '모호성'은 교육과정에서는 일정 부분 억제되어야 했고, 다듬어진 교육과정 속에서 작품들을 다뤄야 했다. 나의 기대와 현실이 크고 작게 충돌하는 일이 잦았다. 결국 국어교육의 길도 잠시 보류하고, 나의 본전공인 가정교육으로 다시 돌아가 보기로 했다.

가정교육과를 처음 선택할 당시를 떠올리며, 고등학교 3학년 시절 학교 면접을 준비하며 작성했던 포부를 다시 꺼내보았다. 다음은 그때의 글이다.

"저는 그간의 학교생활에서 제가 가장 중요하게 여기는 가치를 지키기 위해 노력했습니다. 제가 가장 중요하게 여긴 가치는 바로 나눔의 가치입니다. 고등학교 생활에서도 다른 친구들이 기피하는 조장 자리를 자진하고, 소통과 나눔을 주선하고, 교학상장 활동 등으로 제가 잘하는 과목의 지식을 다른 친구들과 나누는 등 가치를 지키기 위해 꾸준히 노력해 왔습니다. 학과 설명 글, 그리고 교수님들의 자료를 읽어보다 보니, 고려대학교 가정교육과는 저와 함께 나눔의 가치를 지키는 동반자 같은 학과가 될 것 같아 지원하게 됐습니다. 가정교육이란 이렇게 지켜나갈 나눔의 가치를 후대에 전달하고 또 타인의 가치를 존중하여 삶의 기반을 다져주는 교육이라고 생각합니다. 고려대학교 가정교육과에 진학하여 나눔과 존중이라는 소중한 가치를 전달할 수 있는 교사가 되고 싶습니다. 감사합니다."

합격을 간절히 바랐던 당시의 내 진심이 고스란히 담겨 있었다. 이 글을 다시 읽고 나니, 내가 처음 가정교육과를 선택했던 이유가 다시 선명해졌다. 당시의 나는 내가 무엇을 잘하고, 무엇을 하고 싶은지조차 확신이 없던 불안정한 상태였다. 하지만 최소한 '세상에 도움이 되는 삶을 살자'는 목표는 분명히 있었고, 그 중심에는 '나눔'과 '존중'이라는 가치가 자리하고 있었다. 그것은 내가 보기에 현대 사회에 가장 필요한 가치였고, 동시에 나 스스로에게도 가장 절실히 필요한 가치였다. 지속된 입시 경쟁 속에서 크고 작은 상처들이 쌓이며 마음이 많이 흔들렸지만, 그 불안정한 내 마음에 가장 큰 위로가 되어주었던 것이 바로 '나눔'과 '존중'이었다. 그래서 가정교육과를 선택했다.

가정교육과 홈페이지에 들어가면 간략한 인사말이 나오는데, 이는 다음과 같다.

"인간, 가정, 사회의 따뜻한 변화를 이끄는, 가정교육과에 오신 것을 환영합니다."

이 인사말이 나의 학과 선택에 가장 큰 영향을 미쳤던 기억이 난다. 인간에서 가정으로, 가정에서 사회로 따뜻한 변화를 이끄는 과라면 나의 가치를 가장 잘 실현할 수 있을 것 같았다.

솔직히 말하면, 위의 포부에 비해 학과에 들어와 처음 마주한 학문적 깊이나 커리큘럼은 나의 기대에 미치지 못했다. 사범대학의 특성상 여러 영역을 아우르다 보니 학문적으로는 다소 얕고 흩어져 있다고 느꼈고, 그런 점에서 다른 전공의 학생들과 내가 배우는 내용을 비교하며 뭔가 배우는 게 너무 없다는 느낌에 조바심이 들기도 했다. 하지만 학기가 지날수록 학생들에게 '따뜻한 변화'를 이끌어낼 수 있는 과목은 단연 기술가정이라는 확신이 들었는데, '청년발달'이라는 전공 수업이 이러한 생각에 큰 영향을 끼쳤다. 이 수업은 청소년의 뇌 발달, 신체 변화, 정신적 성장과 사회적 위치 간의 연관성을 다루는 수업이다. 이 과목을 통해 내가 늘 관심 가졌던 청소년의 불안과 우울, 설명되지 않던 감정들의 배경을 이해해 나갈 수 있었고, 그 내용을 스스로의 경험에 대입해 공부하기 시작했다. 청소년기의 불완전함, 불규칙함, 감정의 격동을 학문적으로 탐구하며, 동시에 나의 경험에 빗대어 이해해 가는 과정은 그 자체로 긍정적 변화의 원동력이었고, 앞으로의 나 자신을 이해하는데 적지 않을 자산이 될 것이라고 확신했다. 나와 타인을 이해하고 존중하는 것에 있어, 어떤 방법보다 효과적인 길을 청년발달 수업에서 배울 수 있었던 것이다.

중·고등학교 기술가정 수업에서도 이와 관련된 내용을 꽤나 중요하게 다룬다. 나는 고등학교 때 기술가정 수업을 들을 기회가 없었지만, 만약 이 내용을 조금이라도 배웠더라면 당시 흔들리고 있던 내게 정말 큰 도움이 되었을 것 같다는 생각에 아쉬웠다. 기술과정은 수능 과목이 아니기에 모든 아이들이 내 수업에 집중해 주길 기대하긴 어렵겠지만, 진심 어린 수업을 통해 나와 같은 아이 단 한 명에게라도 자신을 이해할 기회를 줄 수 있다면, 그 자체로 정말 가치 있는 일이 될 것이다.

이 정도면 됐다. 기술가정 선생님이 되는 것을 당분간 나의 꿈으로 삼기로 결심했다.

4장
마침표 대신 쉼표, 혹은 콤마

이제 선생님이 되겠다는 꿈도 구체화한 만큼 '선생님으로서 마주할 수많은 고충'을 어떻게 극복해 나갈 것인가에 대한 고민만 남았다.

앞서 언급했던 고등학교 시절 물리 선생님과의 대화에서, 가장 힘들다고 말씀하신 건 바로 '급격한 변화'였다. 지천명을 훌쩍 넘긴 나이에도 변화하는 교육 환경에 발맞추려 애쓰고 있지만, 그 노력도 점점 버겁게 느껴진다고 토로하셨다. 특히 선생님께 가장 큰 부담이 된 것은 디지털 기기의 사용이나 시스템의 변화보다도, 매일 같이 쏟아지는 수

많은 공문을 일일이 숙지하고 그에 대응해야 하는 일이었다. 공문이 너무 많다는 문제가 제시되면, 그 문제를 해결하기 위해 또 다른 공문이 내려오는 게 공직 사회의 방식이라며, 선생님임에도 불구하고 가르치는 일보다 공문 처리와 행정 업무가 주가 되는 현실, 그래서 정작 수업 준비에 들일 시간과 에너지가 부족해진다는 점이 교사로서의 효능감을 크게 떨어뜨린다고 하셨다.

생각해 보면, 문제는 이뿐만이 아니다. 우리나라 교육은 언제나 변화를 강요받는다. 새로운 교육과정이 뿌리내리기도 전에 또 다른 개편이 이어지고, 입시 제도는 방향을 잃고 표류한 지 오래다. 그러다 보니 이런 현실에서 교사로서의 철학과 가치를 일관되게 지켜 나가는 일이 결코 쉽지 않아 보인다. 나는 그런 현실 속에서도 내가 믿는 가치를 지켜 낼 수 있을까? 하나의 고민을 흘려보내고 나면, 어김없이 또 다른 질문이 밀려왔다.

급감하는 학생 수, 무너진 공교육, 불가항력적인 흐름 속에서 나는 어떤 역할을 해야 할까. 나의 가치를 어떻게 지킬 수 있을까. 한동안 답이 나오지 않다가 갑자기 불쑥 튀어나온 생각이 있었다. 장학사. 장학사가 되어서 내가 직접 이 문제 상황에 맞설 힘을 기르면 어떨까? 전문직에 대한 욕심도, 교장·교감 선생님으로 승진하고 싶은 마음도 딱히 없었지만, 언젠가 장학사가 되어 내가 교육계에 느꼈던 답답함을 아주 조금이라도 개선해 보겠다는 마음 자체가 큰 의지가 되었다. 물론, 현장 경험도 없는 예비 교사가 이런 말을 하는 것이 오만하게 느껴질 수도 있다. 그러나 이것은 확실히 하고 싶다. 여전히 나의 가치는 현장의 교사로서, 눈앞의 단 한 명 아이를 위해서라도 최선을 다하는 데 있다. 무조건 장학사가 돼야겠다는 새로운 목표가 생긴 것이 아니다. 장학사가 되어 교육 세상을 바꿀 수 있다고 희망에 부풀어 얘기하는 건 더더욱 아니다. 다만, 교사가 된 그 이후의 목표가 내게 열려 있다는 점이 중요했다. 사범대를 졸업해 선생님이 됐다고 나의 미래를 한 직업에 한정 지을 필요는 없다는 깨달음을 얻은 것이다.

스스로 미래를 제한하지 않기로 했다. 그러자 '언제까지 일할 수 있을까'라는 질문이 자연스레 '어디까지 나아갈 수 있을까'라는 질문으로 바뀌었다. 선생님이라는 출발점에서, 내가 가진 가치와 신념을 어디까지 확장할 수 있을지에 집중하게 되었다. 이제는 정말 윤곽이 보이기 시작했다. 직업 자체에 초점을 두고 고민할 때는 좀처럼 떠오르지 않던 삶의 구체적인 경로가, 나의 삶에 초점을 맞춰 생각해 보니 조금씩 형성되고 있었다. 돌이켜보면, 직업에 나를 맞추려다 보니 돈이 더 중요하게 느껴졌던 것 같다. 내 마음이 내키지 않는 일을 하려니, 돈이 목적이 되고, 직업은 수단이 되었던 것이다. 이제야 삶의 결과보다 과정이 눈에 들어오기 시작했다.

서둘러 마침표를 찍을 필요 없이 계속해 이어지는 한 문장처럼, 비로소 '내가 좋아하는 일'을 찾는다는 것이 어떤 의미인지, 조금은 알게 된 것 같다.

우물 '안' 개구리

미래는 여전히 두렵다. 그러나 그 두려움이 나를 계속 움직이게 하고, 변화하게 하기에, 더 이상 두려움을 두려워하는 어리석음은 범하지 않으려 한다. 대단한 의지나, 변화를 추구하자는 것이 아니다. 그저 주어진 상황을 담담히 읽어내고, 언제나 자신의 위치에서 최선을 다해 행동하는 태도, 곧 삶의 기본이 되어야 할 자세를 말하고자 하는 것이다.

점점 더 나빠지기만 하는 것 같은 세상의 눈속임에 넘어가지 않으려 한다. 구름이 하늘을 가려도 별은 항상 그 자리에 있듯, 세상이 아무리 변해도 나의 가치는 항상 그 자리에 있을 것이다. 그렇기에 나는 더욱더, 나의 가치를 지킬 수 있는 일을 하고자 한다. 그리고 언젠가 나의 가치가 한계에 부딪히는 순간이 오더라도, 나는 다시 행동하며, 변화한 가치에 맞는 새로운 나를 만들어갈 것이다.

지칠 때까지 달리는 것이 곧 최선은 아니라는 사실을, 아직 어리지만 어렴풋이 깨달아가고 있다. 중요한 것은 멈추지 않는 것이다. 속도가 어떻든 내가 가야 할 방향이 분명하다면, 나는 계속 전진할 수 있다. 그렇게 멈추지 않고 나아가다 보면, 언젠가는 쉼조차도 멈추지 않는 삶의 일부가 되어 있을 것이다.

글을 쓰는 매 순간도, 복잡한 마음에 수없이 글을 고치며 방황하는 과정의 연속이었다. 내 글이 거짓이 될까, 화려한 미사여구에 나의 불안함을 또 감추고 있는 것은 아닐까 혼란스러웠다. 그럼에도 여기까지의 글을 보니, 조금은 마음이 편해진다. 고민은 내 삶에 흔적을 남겼고, 덕분에 비록 내 마음이 변하더라도 이 고민의 순간들이 내 삶에 쉼표로서, 그 뒤의 내용을 자연스럽게 이어 줄 것이다.

변해도 괜찮다. 그만큼 내가 내 꿈을, 내 삶을 진지하게 여기고 있다는 방증이라고 맑게 받아들일 수 있다. 나의 가치는 내면에 굳게 자리 잡겠지만, 결코 굳어지지는 않을 것이다. 변화하는 사회 속에서 계속해 최선을 향해 나아가리라. 변화하더라도 변질되지는 않으리라.

    그렇게 살아 움직이는 사람이 되어 여유를 위한 최소한의 조급함만 챙겨 살아가겠다. 그것이 나의 꿈이다.

나가는 글

김민영

　꿈을 찾으며 방황하던 한 아이는 깨달았다. 진정한 고독은 황폐에서 오는 것이 아니라, 호화와 화려함 속에서 내가 스며들지 못할 때 더욱 선명해진다는 것을. 그리고 존재의 이유란 대단한 철학이 아닐지도 모른다는 사실을. 그저 내 곁에 있는 사랑하는 사람들, 그 온기와 숨결, 내 이름을 부르는 목소리가 삶을 붙들어주는 이유였음을. 흔들림을 거부하는 AI 시대 속에서 교사는 불완전한 학생을 어떻게 붙들 수 있는가? 교단에 선 이는 단순한 지식의 전달자가 아니라, 학생들에게 '이 세계를 어떻게 살아낼 것인가'를 묻고, 존재의 불완전성을 함께 공유하며, 공동체로 살아가는 길을 배우게 하는 숙명을 지닌 존재일지 모른다. 결국 교육이란, 정답을 가르치는 일이 아니라, 인간의 불완전함 속에서만 태어나는 '아름다운 우연'을 기다리는 일일지도 모르겠다. 방황의 여정 위에서 남긴 이 자그마한 원고가 망망대해를 헤매는 누군가에게 만큼은 방향을 가리키는 미광(微光)이 될 수 있기를 희망하며.

김수민

    신규 교사로 발령받고 '좋은 수업'만을 고민하며 석사과정을 시작했던 시절이 있었다. 지금은 알지만 그때는 몰랐던 인생의 희로애락이 나와는 별개의 일로 느껴지던 시절이었다. 가령, 난임 시술과 같은 것이다. 결혼 후 때가 되면 당연히 임신이 될 것으로 생각했던 나의 기대는 의외로 당연한 것이 아니었다. 공부나 진로, 수업 고민처럼 노력하면 해결되는 일만을 고민해 오던 내 인생에서, 열심히 고민하고 노력한다고 해서 되는 일이 아닌 일이 세상에는 생각보다 많다는 것을 알게 되었다. 나는 현실을 직시하게 되었고, 온실에서 그제서야 나왔던 것 같다. 그렇게 대학원 공부를 멈추고 현실을 배우고, 겸손을 익혔다. 수년 후 다시 돌아온 대학원에서 만난 여덟 명의 선생님들은 나보다 어리지만 깊은 통찰을 지닌 분들이었다. 나는 그 당시의 나를 돌아보며 또다시 반성했고, 글을 쓰고, 선생님들의 글을 읽으며 오늘도 조금 더 인생을 알아간다.

류지훈

    상급종합병원 간호사로 3교대 근무를 하며 대학원을 다니고, 거기다 글까지 쓰겠다는 나 자신이 참 무모하다는 생각을 여러 번 했다. 그저 마음속에 담긴 생각들을 꺼내어 보고 싶었고, 내가 느끼고 배운 것들을 말이 아닌 글로 남기고 싶었다. 처음에는 멋진 표현으로 누구나 감탄할 글을 쓰고 싶었지만, 막상 써 내려가며 작가의 길은 멀고도 험하다는 것을 깊이 깨달았다. 함께한 여덟 명의 선생님들의 글을 읽으며 한없이 겸손해질 수밖에 없었고, 치열하게 고민하며 교단에 서는 꿈을 이어가는 선생님들과 달리, 나만 현실에 안주하고 있는 건 아닌가 자문하기도 했다. 그럼에도 나의 글이 따뜻하다, 좋다, 멋지다 말해주신 응원 덕분에 끝까지 글을 이어갈 수 있었다. 어쩌면 부족한 걸음이었을지라도, 이 기록이 작은 빛이 되어 누군가의 마음에 오래 남아주길 조심스레 바란다.

박서현

내가 좋아하는 노래의 한 구절이 떠오른다.

"그때는 알 수 없었지요, 왜 나에게 이런 일들이 일어나는지.
전부 다 내가 원했던 거예요. 이 모든 게 다 내가 원했던 거라구요."

- 검정치마, 「Flying Bobs」 中

돌아보면 그렇다. 교사가 되고 싶다는 단순한 바람에서 시작해, 수많은 갈림길과 방황을 지나 여기까지 왔다. 때로는 돌아서고 때로는 멈추며 같은 자리를 맴도는 듯했지만, 그 모든 흔들림은 결국 교사라는 목적지를 향해 나아가는 길이었다. 멀어졌다가도 다시 돌아오고, 밀려났다 싶다가도 이끌리듯 붙잡히며, 나는 늘 이 자리에 서 있었다.

아직 확실히 알 수는 없다. 내가 꿈을 향해 발걸음을 옮긴 것인지 아니면 그 꿈이 나를 이끌고 있는 것인지. 다만 분명한 건, 오늘도 나는 다시 이 길 위에 서 있다는 사실이다.

박세민

투명함을 좋아한다. 투명한 사람이 되기 위해서는 숨김없이 내보여도 부끄럽지 않을 심지와 옳고 그름을 아는 명징한 이성을 갖추어야 하기 때문이다. 그래서 갖기 어렵고, 더욱 바라게 되는 성질이다, 투명함이라는 건.

매 순간 진심이면 된다고, 솔직함은 통한다고 믿었다. 그런 이상을 좇기에 나는 아직 어렸던 걸까? 20대의 나는 대단한 능력도, 인품도 지니지 못한 보잘것없는 반쪽짜리 어른일 뿐이란 걸 부딪히며 깨달았다. 나도 나를 모르겠을 때 몰아치는 물살에 휘청이며 남에게, 그리고 나 자신에게 솔직하기란 참 쉽지 않은 일이었다. 그렇게 솔직함의 가치를 의심하던 중 글쓰기를 만났다.

내 안 면면을 깊숙이 살핀 후, '나'와 '너'가 만나는 지점을 또렷이 응시하려 했다. 너와 내가 겹쳐 '우리'가 된 지점이 발하는 갖가지 색채를 선명하게 풀어내고 싶었다. 글을 쓰고 다듬는 모든 과정에서 윤색하지 않으려 애썼다. 부끄럽지 않은 솔직함으로, 투명한 나의 글을 세상에 내놓았다.

박정빈

끝이 오지 않을 것만 같던 대학원에서의 시간이 끝나간다. 고려대에서 처음 수업을 듣던 설렘이 아직 생생한데, 졸업이라니 믿기지 않는다. 아니, 믿고 싶지 않을지도 모른다. 나에게 고려대는 청춘의 한 페이지가 되어 오랫동안 기억될 것이다. 고려대에서 소중한 인연들을 많이 만났다. 모두 행복하고 건승하길 진심으로 바란다.

영원히 학생으로 남고 싶었던 선생님은, 다시 한번 용기를 내어 교단에 서 본다. 교육학을 전공하기로 한 순간을 잊지 않겠다. 마음이 따뜻한 교사가 되겠다고 다짐한 과거의 나를 놓지 않겠다. 더 넓은 세상으로 나가는 순간은 늘 떨린다. 이 책은 변곡점이다. 이 책에 나의 마음과 미련을 많이도 담았다. 이 책에 쓰인 나를 따뜻한 시선으로 바라봐 주길. 그리고 앞으로 펼쳐질 나의 새로운 이야기도 응원해 주길. 언젠가 우리가 우연인 듯 운명처럼 다시 만나길 바라본다.

오현경

몇 년 간, 사람과 부대끼는 일을 의식적으로 피했다. 그런데, 이 일은 오랜만에 "하고 싶다. 안 하면 후회하겠다." 생각한 것이었다. 그렇지만 시작에는 큰 용기가 필요했다. 난 글이 무섭기 때문이다. 언제나 진실된 마음을 담아 글을 쓴다. 진심이 아니면 쓸 수 없는 인간이라서. 그래서 혹여 그렇게 써 내려간 내 마음이, 그 크기와 깊이가 변할까 봐, 내가 변함으로써 그대로 살지 못할까 봐 글이 무서웠다.

그런 내가 처음으로 세상에 글을 낸다. 나의 용기와 힘은 모두 사람으로부터 기인된 것이었다. 사랑하는 사람들 덕분에 시작할 수 있었고, 25년 봄에 만난 8명의 선생님들께서 든든하게 함께해주신 덕분에 끝까지 해낼 수 있었다. 이 모든 분들께 깊은 감사의 말을 전하고 싶다. 힘든 순간에 마음을 끝없이 다독이며 버틴 나 자신에게도 감사와 칭찬을 건네고 싶다. 스물셋 나의 최선을 담을 수 있어 행복했다.

우리의 이야기가 심심한 위로와 희망이 되기를 바라며, 사계절의 마침표를 찍는다.

이하은

스물세 개의 해를 건너오며 정말 많은 글을 써 보았다. 자기소개서, 과제물, 이력서…, 그러니까 대학에 맞춰진 나, 정해진 주제에 관한 생각, 고정된 양식 속 나의 스펙들을 마구 줄지었던 것이다.

그러다 문득 생각났다. 한 번쯤은 온전히 나 자신을 들여다보며 나의 어제와 오늘, 그리고 내일을 그려야겠다는 생각. 그렇게 나만의 나, 나만의 주제, 나만의 양식 속에서 약 2만 자의 글을 써 내렸다. 물론 이것이 나의 모든 것을 담지는 못 했지만, 짧은 생을 구구절절 나열하며, 커다란 배 한 척에 맡겨뒀던 나를 나만의 배에 안착할 수 있도록 애썼다. 결론은, 아직 조금의 용기와 성숙이 더 필요하다는 것. 그러나 이 글로써 나의 종이배는 조금 더 단단해지고, 조금 덜 휘청인다. 언젠간 나의 종이배에 몸을 맡길 날이 올 것이라 믿으며 2025년 나의 수개월을 마무리한다.

마지막으로, 이 모든 날과 글을 위한 힘을 낼 수 있도록 존재해 준 나의 아빠에게, 그리고 엄마에게. 영원한 사랑과 감사를 덧붙이며 이 책을 바친다.

조호성

한 권의 책도 아닌, 한 편의 글을 쓰는 동안 벌써 반년이라는 시간이 스쳐 지나갔다. 이토록 오랜 시간 만지작거린 글임에도 여전히 내게 낯설다니, 어쩌면 글은 그 본연의 어려움으로 다른 어려움들을 보다 쉽게 옮기도록 돕는 힘이 있는 것 같다. 머리에 머물던 수많은 고민들이 이토록 빼곡하게 종이 위에 누워있는 것을 보면 말이다. 스스로를 꺼내어 보여주는 글이다 보니, 의중이 왜곡될 여지는 없는지, 쉽게 단정 지은 말은 없는지 나의 생각만으로는 쉽게 알 수 없어 글을 쓰는 매 순간이 긴장의 연속이었다. 그렇기에 이 자리를 빌려 수많은 시간을 들여 내 글과 동행해 주신 8명의 선생님께 아낌없는 감사를 올린다. 그리고, 글을 쓰며 고생한 나에게도 작은 축하를 보낸다. 언젠가는 이렇게 기록된 나의 젊음을 보고 웃을 수 있길, 실체 없는 두려움에 경도되어 낮의 따스함과 밤의 선선함 같은, 삶의 작은 소중함들을 잃는 어리석음을 범하지 않길, 무엇보다 묵묵히, 오늘을 살아가고 있기를 간절히 바란다.

publisher　　instagram

요즘 선생님들

초판 발행 2025년 12월 8일

지은이 김민영, 김수민, 류지흔, 박서현, 박세민, 박정빈, 오현경, 이하은, 조호성
펴낸이 최대석　**펴낸곳** 행복우물　**출판등록** 307-2007-14호
등록일 2006년 10월 27일
주소 a1. 서울특별시 종로구 종로1길 50 더케이트윈타워 B동 위워크 2층
　　　a2. 경기도 가평군 경반안로 115
전화 031-581-0491
전자우편 book@happypress.co.kr
정가 18,000원　**ISBN** 979-11-94192-56-5(03810)